WENN ERWACHSENE
IN DEN SATTEL WOLLEN

WENN ERWACHSENE IN DEN SATTEL WOLLEN

Eine neue Reitlehre mit Trainingsprogramm

von

Erika Prockl

Copyright © 1998 by Cadmos Verlag, Lüneburg
Gestaltung: Ravenstein Brain Pool, Völkersen
Illustrationen von Gabriele Wagner
Druck: Grindeldruck, Hamburg
Alle Rechte vorbehalten.
Abdrucke oder Speicherung in elektronischen Medien
nur nach vorheriger schriftlicher Genehmigung durch
den Verlag.
Printed in Germany

ISBN 3-86127-326-8

INHALT

VORWORT

ÜBER 30 JAHRE MIT PFERDEN LEBEN

Ich war schon fast 25 Jahre alt, als ich beschloß, reiten zu lernen. Da ich ziemlich sportlich war, sah ich in meinem Alter durchaus kein Problem, was sich aber schon sehr bald als Irrtum herausstellen sollte. Zuerst einmal brachte mich der damals noch sehr verbreitete Brüll-Reitunterricht ziemlich aus der Fassung, und dann mußte ich auch noch enttäuscht feststellen, daß ich keine wesentlichen Fortschritte machte. Ich fühlte mich am Pferd nie wirklich „zu Hause" und war nahe daran, das Reiten wieder aufzugeben.

In einem kleinen burgenländischen Dorf, in dem ich eigentlich nur ein paar Urlaubstage verbringen wollte, fand ich einen netten kleinen Reitstall, und bald trieb ich mich den ganzen Tag bei den Pferden herum. Man suchte gerade dringend eine Vorreiterin für die Sommersaison. Daß ich dafür nicht besonders qualifiziert war, konnte man unmöglich übersehen, aber ich hatte offensichtlich Interesse und viel Zeit - also bot man mir diesen Job an. Zu dieser Zeit gab es in Österreich noch kein staatlich geregeltes Ausbildungssystem, daher sprach nichts dagegen, und ich nahm, einerseits begeistert, andererseits aber mit einem mulmigen Gefühl im Magen, an: „Werde ich das schaffen?"

Es klappte, und als der Herbst kam und ich nach Wien zurückkehren sollte, ließ ich mich kurzerhand an die nahegelegene Handelsschule versetzen. Ich konnte doch „meine" Pferde nicht mehr im Stich lassen!

Aus dem kleinen Reitstall wurde allmählich ein großer, gut florierender Betrieb. Privatpferde und Aufzucht kamen dazu - bald hatten wir über 80 Pferde zu betreuen. Wir, das waren Inge, ein pferdebegeistertes, kameradschaftliches und reiterlich sehr talentiertes Mädchen, und ich. Wir organisierten und führten die Ausritte, gaben Unterricht und waren für alles verantwortlich - der Besitzer ließ uns völlig freie Hand. Für die Basisversorgung der Pferde, also Ausmisten und Füttern, hatten wir starke Männer zur Hand, sonst führten wir Frauen das Regiment.

Im Sommer war unglaublich viel los, im Winter dagegen waren wir mit unseren Pferden ziemlich allein. Wir lasen viel Fachliteratur, besuchten Kurse und waren eifrig bestrebt, uns weiterzubilden. Wir konnten es uns nicht verkneifen, neben ernsthaftem Reiten auch noch alles Mögliche auszuprobieren, vom Rodeo bis hin zu Zirkuskunststücken. Was andere in ihrer Kindheit und Jugend erlebten, das alles habe ich damals nachgeholt - es war eine schöne Zeit!

Nach zehn Jahren mußte aber damit Schluß sein. Ich kehrte nach Wien zurück und beschloß, mich wieder mehr meinem Berufs- und Privatleben zu widmen. Täglich wird nur noch ein Pferd geritten - das nahm ich mir eisern vor. Aber dieses eine Pferd sollte ein ganz besonderes sein: ein korrekt ausgebildetes Grand-Prix-Pferd - das war mein Traum - und dazu wünschte ich mir noch einen hochqualifizierten Ausbilder! Zur Realisierung dieser Wünsche fehlte mir nur eine entscheidende Kleinigkeit: das nötige Geld!

Wunder passieren selten, aber manchmal eben doch! Ich fand ein solches Grand-Prix-Pferd und dazu eine ausgezeichnete Ausbilderin und das alles zu einem sehr akzeptablen Preis. Die Sache hatte nur einen Haken: Dieses Pferd war schon zu Hause nicht ungefährlich zu reiten, auf einem Turnier zu starten grenzte jedoch an Selbstmord. Eva hatte diesen hochtalentierten Vollblüter als nicht ideal angerittenes Pferd übernommen, selbst ausgebildet und hoffte bis zuletzt, daß sich seine allgemeine und speziell seine Turnier-Nervosität legen würde. Aber sie hoffte vergebens, und so kam ich zu diesem zehnjährigen Ausnahmepferd, das aufgrund seiner hohen Intelligenz und seiner übergroßen Sensibilität maßgeblich am Entstehen dieses Buches beteiligt war.

Zwergerl - so wurde dieser bildhübsche Fuchs genannt, obwohl er gar nicht wirklich klein war - wurde zum schwierigsten, aber wichtigsten Pferd in meinem Leben. Wir haben 20 Jahre miteinander verbracht, und ich habe mich in schweren Kämpfen mit ihm zusammengestritten. Als ich ihn nach dieser langen Zeit wegen altersbedingter Kreislaufprobleme einschläfern lassen mußte, war ich so betroffen wie noch nie beim Verlust eines Pferdes - ich hatte einen Freund verloren!

Ich blieb all diese Jahre in Evas kleinem Dressurstall, aber die Rechnung mit mehr Freizeit ging natürlich nicht auf. Wieder verbrachte ich jede freie Minute im Stall und ritt dort viele hoch ausgebildete Pferde - einem Pferdenarren ist eben nicht zu helfen! In den ersten Jahren unterrichtete ich natürlich überhaupt nicht - ich war vollauf damit beschäftigt, selbst zu lernen. Später begann ich dann doch wieder damit, zwar nur in sehr eingeschränktem Maße, dafür aber jetzt staatlich geprüft. Meine bevorzugte Zielgruppe war und ist der scheinbar ungeschickte, aber bemühte Erwachsene.

Die meisten Unterrichtenden haben schon als Kind oder zumindest als Jugendliche reiten gelernt und haben daher diese gläserne Mauer aus Unsicherheit und Angst, die den erwachsenen Reitschüler zeitweise umgibt und die aus einem normalen Menschen einen zuhörunfähigen Tolpatsch macht, selbst nie kennengelernt. Entsprechend wenig können sie damit anfangen. Ich dagegen weiß noch sehr genau, wie teilweise hilflos und „unterversorgt" ich mich als erwachsener Anfänger fühlte. Fragte ich nach Erklärungen und zusätzlichen Übungen - sozusagen „Hausaufgaben" - dann kostete das sogenannte Reitexperten nur ein müdes Lächeln. Reiten kann man nur durch Reiten lernen! Wenn ich diesen abgedroschenen Satz nur höre!

Dieses Buch bietet Ihnen nun diese „Hausaufgaben", also die Möglichkeit Reitbewegungen nach eigenem Tempo, in vertrauter Umgebung, ohne Streß und daher ohne Blockaden zu trainieren. Und zwar auf eine Art und Weise, wie jeder Erwachsener Bewegungen noch erlernen kann: als Einzelbewegung. Diese lassen sich dann relativ leicht wieder zu komplexen Bewegungsabfolgen zusammensetzen und schließlich am Pferd in die Praxis umsetzen. Als Ersatzpferd dienen ein Sessel und vor allem ein Physio-Ball.

Die meisten Übungen sind Entspannungsübungen, die auch am Arbeitsplatz, zum Beispiel bei stundenlanger Computerarbeit, sehr sinnvoll angewendet werden können. Ein Erwachsener muß ohnedies ununterbrochen darauf achten, seine alltägliche Fehlhaltung nicht auch am Pferd einzunehmen. Folgen dann noch Reitanweisungen wie „Schieben", „Drücken" und ähnliche, werden diese als Kraftaktionen mißverstanden und führen erst recht zu Verkrampfungen und zum Steifwerden.

Ein Pferd zum Trainieren

Lösen, Schwingen und **Kreisen**, auch **Schwingkreisen** genannt, sind hingegen Reitanweisungen, die kaum falsch interpretiert werden können.

Weder der Anfänger noch der Amateurreiter kann die Intensität der Hilfengebung ganz genau abschätzen und „dosiert" oft viel zu hoch. Das Pferd fühlt sich ständig bestraft und weiß nicht wofür. Wer mit Schwingkreisen reitet, macht aus seinem Pferd weder ein Nervenbündel noch ein störrisches Muli - auch dann nicht, wenn er manchmal ein bißchen zuviel erwischt. Ich habe sehr viel Fachliteratur gelesen und mich intensiv mit Anatomie und den verschiedensten Bewegungslehren beschäftigt, das meiste habe ich aber doch von Pferden selbst gelernt. Aufs Pferd eingehen kann man erst dann, wenn man sich nicht mehr im beständigen Kampf mit dem eigenen ungeschickten Körper befindet. Die Methode des Reitens mit Schwingkreisen und des Reitens mit vorbereitenden Übungen kann Ihnen dabei eine wirkliche Hilfe sein und zeigt in der Praxis beste Erfolge. Hoffentlich kann Ihnen dieses Buch das Wesentliche klar und verständlich vermitteln!

Meine Mitarbeiter:

Eva Sogl ist staatlich geprüfte Reittrainerin, Spezialtrainerin für die Dressurausbildung bis Klasse S und Richterin. Nach einer erfolgreichen „springerischen" Jugend gilt ihr Interesse jetzt vorwiegend der Dressur. Sie bildet alle ihre Pferde selbst aus und ist damit erfolgreich internationale Turniere bis Grand Prix gegangen. Eva ist neuen Lehr- und Lernmethoden gegenüber sehr aufgeschlossen. Sie ist Centered-Riding-Instructor, besuchte Kurse bei Linda Tellington-Jones, Feldenkrais-und Kinesiologie-Seminare und beschäftigt sich mit autogenem und mentalem Training. Ihr besonderes Interesse gilt aber der Ismakogie, einer österreichischen Bewegungslehre, auf die wir in diesem Buch noch oft zu sprechen kommen werden.

Sie hat dieses Buch nicht nur in fachlicher Hinsicht gründlich durchforstet, sondern darüber hinaus viele eigene Ideen eingebracht. Ich habe zwar das System des Reitens mit Schwingkreisen niedergeschrieben, aber eigentlich läßt sich jetzt gar nicht mehr genau feststellen, wer welche Übung erfunden hat - 20 Jahre sind eben eine lange Zeit!

Diplom-Tierärztin Gabriela Wagner hat das Buch praktischerweise auch gleich aus veterinärmedizinischer Sicht überprüft. Sie ist schon seit vielen Jahren hoffnungslos vom „Reitbazillus" erfaßt und hat derzeit drei Pferde im eigenen Stall stehen. Wenn ihr noch Zeit übrigbleibt, dann zeichnet sie. Zuerst hat sie alle Übungen sehr genau am Ball und am Pferd überprüft, dann aber, offenbar von der Sache überzeugt, mit Bleistift und Feuereifer losgelegt.

Mein besonderer Dank gilt auch Frau **Dr. med. Margarethe Priklopil,** die mich bei humanmedizinischen Problemen beraten hat.

DER KAMPF MIT DEM KLAMMER-AFFEN

Wer als Erwachsener reiten lernen will, wird von Mißerfolgen nicht verschont bleiben. Schon in den ersten Stunden am Pferd ist er von beglückenden Gefühlen meilenweit entfernt, wenn ihn erdbebenähnliche Bewegungen aus dem Gleichgewicht bringen, sich alle Körperteile verkrampfen und er vom Reitlehrer zu allem Überdruß unentwegt aufgefordert wird, doch endlich locker zu lassen und sich zu entspannen.

Selbstverständlich möchte er das, doch sein Körper spielt nicht mit. Sobald er im Sattel sitzt und sich unter ihm alles heftig bewegt, wird der Mensch - welch unerfreuliche Verwandlung - zum **Klammeraffen**.

Reflexartig schließen sich die Muskelgruppen an der Innenseite des Oberschenkels. Ober- und Unterschenkel, die Knie, die Gesäßmuskeln, die Hände sowieso - alles wird zum Festhalten benützt.

Dies geschieht unwillkürlich und ungewollt, weil man Reflexe und Überlebensinstinkte nicht einfach ausschalten kann.

Im Schritt kann unser Anfänger den Anweisungen des Reitlehrers noch einigermaßen folgen, im Trab und im Galopp gerät ihm alles durcheinander. Der Reitlehrer bleibt dann zwar berufsbedingt höflich, aber es ist ihm anzumerken, daß sich seine Begeisterung über solche Schüler in Grenzen hält.

Fünf Jahre und schon souverän:
Petra auf ihrem Pony Lisa.
(Foto Sogl)

Sogenannte „Könner" schweben scheinbar mühelos auf ihren Pferden dahin. Kinder und Jugendliche demonstrieren provokant gut gelaunt, wie einfach und vergnüglich Reiten sein kann. Ob das alles Naturtalente sind?

Sind sie nicht, und unser Anfänger ist auch nicht so unbegabt, wie es auf den ersten Blick scheinen mag. Er bringt nur als Erwachsener anfangs nicht mehr alle **Voraussetzungen** mit, die für das Reiten unerläßlich sind:

- ein hoch entwickeltes Balancevermögen
- gute Körperbeherrschung auch von Muskeln und Gelenken, die im Alltag wenig beansprucht werden, sowie die Fähigkeit, mit beiden Körperhälften gleich geschickt zu agieren
- Unbekümmertheit oder Mut, wie immer man das nennen mag
- Tierliebe und -verständnis mit einem nahezu unbegrenzten Vertrauensvorschuß zum Partner Pferd

Körperlich aktive Kinder sind ideale Reitschüler. Sie bringen noch alle Voraussetzungen mit und erlernen schwierige Bewegungsfolgen spielerisch durch Imitation. Dadurch, daß sie kritiklos nachahmen, kann es aber auch passieren, daß sie jeden Unsinn nachmachen. Deshalb reiten Kinder immer nur so gut, wie ihnen in ihrem Stall vorgeritten wird. „Fernseh- und Computerkinder" hingegen, die ihre Freizeit ziemlich bewegungslos vor diesen beiden Geräten verbringen, sind auffallend ungeschickt und daraus resultierend auch ängstlich.

Bei **Jugendlichen** ist körperliche Fitneß leider keine Selbstverständlichkeit mehr. Aus der Kindheit kann noch ein gewisses Maß an Balancefähigkeit herübergerettet werden, und damit fällt der Hemmfaktor Angst eher weg. Bewegungsmangel und falsche Freizeitgewohnheiten haben aber bereits ihre Spuren hinterlassen. Die Alltagshaltung ist oft völlig falsch, nämlich schlaff und schlapp - so wie es heute der Trend ist. Dementsprechend mühsam ist es auch, Sitz- und Haltungskorrekturen zu vermitteln.

Ein **Erwachsener** hat die Fähigkeit, gut zu balancieren, weitgehend verlernt. Auch seine Körperbeherrschung stützt sich nur noch auf bekannte, immer wieder benützte Bewegungsabläufe. In der Kindheit können wir neue Bewegungsformen noch durch Imitation erlernen.

Mit Einsetzen der Pubertät verlieren wir diese Fähigkeit und sind danach gezwungen, neue Bewegungen aus schon bekannten Bewegungsmustern, die wir in unserem Gehirn gespeichert haben, zusammenzusetzen. Wer also eine „bewegte" Kindheit erlebte, kann später aus einer großen Anzahl von Bewegungsformen wählen. Wer seine Jugend hingegen „versessen" hat, wird sich später beim Erlernen jeder Sportart ziemlich schwer tun.

Ein Erwachsener sollte auf jeden Fall ganz anders unterrichtet werden als ein Kind oder ein Jugendlicher. Da er nicht spielerisch beziehungsweise durch Imitation lernen kann, muß er sich den Ablauf jeder Bewegung in Ruhe überlegen können, um sich bewußt alle Einzelheiten einzuprägen. Er braucht Erklärungen, viele Übungen, die er nach eigenem Tempo trainieren kann, und genügend Zeit, um die verschiedenen Bewegungsabläufe zu kombinieren.

Zur Korrektur des Sitzes wären Longenstunden für jede Altersgruppe eine ausgezeichnete Unterrichtshilfe. Leider werden sie oft von gefälligen, aber unqualifizierten Hilfskräften erteilt, und unter Umständen schadet ein solcher Unterricht dann mehr als er nützt.

Wie sagte schon l'Hotte, der französische „Reitpapst", so richtig: *„In der Reiterei heißt es, viel zu wissen, um auch nur das Elementare gut zu lehren!"*

Reiten ist zwar noch kein Massensport geworden, aber die ungeteilte, hingebungsvolle Aufmerksamkeit eines guten Reitlehrers dürfen Sie nicht erwarten. Jedenfalls dann nicht, wenn Sie für die Reitstunde nur einen durchschnittlichen Preis bezahlen können.

Sollten Sie in diesem Sport aber trotzdem etwas erreichen wollen, dann hilft nur eines: die Do-it-yourself-Methode. Lesen Sie Fachliteratur, beobachten Sie gute Reiter und bringen Sie vor allem zuerst Ihren eigenen Körper wieder in Schwung.

Fordert man Jugendliche zwischen 14 und 19 Jahren auf, sich nur noch auf ein Bein zu stellen, dann entscheiden sich 56 Prozent für das linke Bein. Wird das Standbein gewechselt, dann fühlen sich bei den 14jährigen etwa 50 Prozent in einem geringen Maß unsicher. Bei den 19jährigen hingegen zeigen bereits 75 Prozent eine ausgeprägte Vorliebe für ihr Lieblings-Standbein.

Das heißt: Die Balancefähigkeit nimmt mit dem Älterwerden ziemlich rasch ab, die Einseitigkeit jedoch sehr schnell zu.

Als Rechts- oder Linkshänder sind Sie sich dessen bewußt, daß Sie mit einer Hand deutlich geschickter sind als mit der anderen. Wissen Sie aber auch, mit welchem Bein Sie geschickt beziehungsweise ungeschickt sind?

Das Geheimnis des perfekten Reitens liegt im völlig entspannten Sitz. Diesen wird man sich aber erst dann zutrauen, wenn man gut balancieren kann. Wir müssen nun versuchen, durch Übungen im Alltag Ihre Unterstützungsfläche zu verkleinern, um Ihren dahinschlummernden Gleichgewichtssinn wieder wachzurütteln, und zugleich auch Körperbeherrschung und Gleichseitigkeit trainieren.

Ü 1: Verbessern der Balance und der Gleichseitigkeit:

Spielen Sie bei allen möglichen Tätigkeiten **Storch** und benützen Sie als Standfläche nur noch ein Bein, dadurch wird Ihre Position labil und Ihr Gleichgewichtssinn wird mobilisiert. Die Morgentoilette kann gleich ein guter Anfang sein.

Wechseln Sie das Bein, Sie werden bald feststellen, daß Sie ein bevorzugtes Standbein haben. Auch am Pferd werden Sie mit Ihren Körperhälften anfangs sehr unterschiedlich geschickt sein, und es wird Sie viel Mühe kosten, das einigermaßen auszugleichen.

Balancieren Sie wieder auf den Gehsteigkanten wie einst in Ihren Kindertagen, benützen Sie alles, was einem Schwebebalken ähnlich ist, als Trainingsgerät. Vielleicht besuchen Sie auch einmal heimlich den Kinderspielplatz, wenn Sie mit Ihrem Hund die Abendrunde machen - es gibt viele Möglichkeiten, sich wieder „gleichgewichts-fit" zu machen!

Pferde können den Ausbildungsstand ihres Reiters sofort erkennen.

Wenn wir uns im Alltag niedersetzen, dann benützen wir dazu eine möglichst bequeme, stabile Sitzgelegenheit, am Pferd dagegen ist alles anders. So einladend ein Sattel auch aussehen mag, zum gemütlichen Entspannen ist er nur dann geeignet, wenn er als Barhocker dient. Am Pferd balancieren wir - wenn unser Pferd korrekt geht - mit unseren Sitzknochen auf einem Teil des aufgewölbten Pferderückens. Das bedeutet, daß wir nur eine sehr kleine Unterstützungsfläche zur Verfügung haben, die sich obendrein noch turbulent bewegt. Es gilt daher, sich wieder an **bewegtes Sitzen** zu gewöhnen.

Besorgen Sie sich einen **Physio-Ball.** Das ist die etwas größere Ausgabe eines Gymnastikballs.

Sie bekommen diese aufblasbaren Bälle in verschiedenen Größen in jedem orthopädischen Fachgeschäft. Normalerweise ist ein Ball mit 75 Zentimetern Durchmesser die ideale Größe.

Sollten Sie sehr groß sein, dann wählen Sie 85 Zentimeter. Sind Sie klein, dann 65 Zentimeter.

Ein solcher Ball kostet nicht mehr, als Sie etwa für zwei Reitstunden bezahlen würden, und Sie werden bald merken, daß sich diese Investition wirklich lohnt.

Ü 2: Bewegtes Sitzen:
Nehmen Sie bei jeder sich bietenden Gelegenheit auf Ihrem Physio-Ball Platz. Es kann Ihnen gar nicht gelingen, darauf völlig inaktiv zu sitzen, weil Sie sich selbst dauernd neu ausbalancieren müssen. Machen Sie keinen krummen Rücken, sitzen Sie gerade. Der Ball vermittelt fast das Gefühl, auf einem lebendigen Wesen zu sitzen, und das sollen Sie noch verstärken, indem Sie ununterbrochen ein wenig auf- und abwippen.

Das ist nicht nur eine hervorragende Vorbereitung auf das Reiten, sondern eine ausgesprochene Wohltat für verspannte Rückenmuskulatur. „Vermieten" Sie Ihren Ball gleich an die ganze Familie!

Auch Opa sitzt jetzt gern bewegt.

Es ist möglich, daß Sie das bewegte Sitzen anfangs noch als recht anstrengend empfinden. Dann wechseln Sie eben immer wieder zwischen stabilem und bewegtem Sitzen. Verschaffen Sie Ihrem Ball ein Stammplätzchen neben der Sitzgarnitur. Ein langer Fernsehabend ist nach einem stressigen Arbeitstag ohnedies eine sehr fragwürdige Form der körperlichen Entspannung. Benützt man hingegen zwischendurch immer wieder den Ball, dann sieht die Sache schon wesentlich anders aus.

Am Pferd werden Sie auch bald Fortschritte bemerken, weil Sie jetzt weniger verkrampft sind. Ihr Klammeraffe wird Sie aber ein Reiterleben lang begleiten, damit müssen Sie sich leider abfinden.

Je routinierter Sie werden, je entspannter Sie Streßsituationen begegnen können, desto kleiner wird er und desto seltener schlägt er noch zu. Ein Klammeräffchen schleppt jedoch auch der beste Reiter immer noch mit sich herum!

AUFRECHT IST OUT, LÄSSIG IST IN

Kommen wir nun zu einem typischen Zivilisationsproblem. Wir sitzen viel und das meist auch noch falsch. Gehen ist gesund, lockeres Stehen ist gerade noch vertretbar, dauerndes Sitzen aber führt zu Haltungsschwäche, das heißt Überdehnung und Erschlaffung der Muskulatur. Sitzen ist besonders ungesund, wenn es

- lange
- bewegungslos
- in Extremposition erfolgt.

Unsere Wirbelsäule ist S-förmig gebogen. Diese Form erhöht ihre Stabilität und Flexibilität und sollte immer erhalten bleiben. Verbiegen wir uns kurzzeitig, dann entsteht zwar auch ein beachtlicher Überdruck auf die Bandscheiben, die Puffer zwischen den Wirbelkörpern, aber diese kurzzeitige Überbeanspruchung kann unsere Wirbelsäule durchaus verkraften. Sitzen wir aber stundenlang in falscher Haltung, dann kann das auf Dauer nicht gut gehen.

Früher kannte man (nach *Kluger* und *Kristen*) nur zwei Formen des Sitzens: Die **Arbeitshaltung** ist eine ständig leicht nach vorne gebeugte Position. Schon von Kindesbeinen an müssen wir - weil wir fast überall **gerade** Tische vorfinden - stundenlang in dieser Haltung arbeiten, obwohl unsere Bandscheiben dabei ziemlich strapaziert werden.

Die **Zuhörerhaltung** ist eine aufrechte Form des Sitzens, bei der eine unterstüt-

Liesl und Gaby als Zuschauer in miserabler Alltagshaltung. (Foto Jarc)

zende Rückenlehne unsere Wirbelsäule entlasten sollte. Leider läßt sich diese gesündere Sitzform im Arbeitsalltag nicht allzu oft einnehmen.

Früher war es üblich, Kinder und Jugendliche immer wieder zum aufrechten Sitzen aufzufordern: „Sitz gerade - Kopf hoch" war überall zu hören. Heute ist eine solche Ermahnung geradezu verpönt und damit ist eine ungesunde Neuschöpfung des Sitzens in Mode gekommen:

Schlaff und schlapp - der Modetrend. Bei dieser lässigen Sitzweise wird der Rücken dermaßen gerundet, daß die natürliche Krümmung der Wirbelsäule völlig verschwindet, und so entsteht ein unglaublich starker Überdruck auf die Bandscheiben.

Diese ungesunde Lässigkeit hat nicht nur in der Schule und im Büro ihren Siegeszug angetreten, auch als gemütliche stundenlange Fernsehhaltung wird sie in nahezu jeder Familie geschätzt.

Nimmt man diese scheinbar so bequeme Haltung über längere Zeit ein, so verlängern sich die Rückenmuskeln durch die ständige Überdehnung. Dafür verkürzt

Wer im Alltag krumm sitzt...

sich die Brustmuskulatur dermaßen, daß der Schultergürtel zwangsläufig nach vorne gekippt getragen werden muß. Es ist eigentlich nur noch eine Frage der Zeit, wann die Überlastung zur Krankheit führt. Bevor die ersten Schmerzen auftauchen, ist es sehr schwer, einen Lässigen davon zu überzeugen, daß der derzeitige Trend nicht nur blanker Unsinn ist, sondern daß er auf dem besten Weg ist, sich seine Wirbelsäule zu ruinieren.

Die jahrelange Fehlhaltung verändert den Körper dermaßen, daß aufrechte Haltung als sehr unbequem empfunden wird.

Kommen wir nun zum Reiten. Glücklicherweise müssen wir dabei vollständig aufrecht sitzen, weil wir sonst uns und unser Pferd behindern würden. Das bedeutet, daß wir den gesunden, aufrechten Sitz im Alltag ständig trainieren

müssen, damit er uns unter den erschwerten Bedingungen am Pferd zur Verfügung steht. Bevor wir uns an die schwierige Arbeit des Sich-Aufrichtens machen, überlegen wir noch einmal sehr genau, was alles für die aufrechte Haltung am Pferd spricht:

• Jeder Reiter beeinträchtigt durch sein Gewicht die Bewegungsfreiheit und den Gang des Pferdes. Wackelt dieses Gewicht dann auch noch unruhig herum, dann muß das Pferd diese instabile Last immer wieder neu austarieren. Sitzt der Reiter hingegen im **Gleichgewicht**, dann stört er das Pferd weit weniger in seinen Bewegungen.

• Die Rückenbewegungen des Pferdes fühlt der Reiter als ein ständiges Auf und Ab unter seinem Po. Diesen Takt der Pferdebewegung schwingt der Reiter mit seinem Becken mit. Dieses lockere **Mitschwingen** kann aber nur bei aufrechtem Sitz gelingen.

• Durch den ständigen Bewegungswechsel hat Reiten, richtig betrieben, nicht nur für die Entlastung der Bandscheiben einen sehr positiven Effekt. Bei **aufrechter Haltung** kräftigen die pump- und massageartigen Bewegungen die Rücken- und Bauchmuskulatur, was letztlich wieder der Wirbelsäule zugute kommt.

Beginnen wir nun, diese ungewohnte, aufrechte Haltung zu erarbeiten. Jeder Sessel, der nicht zu weich gepolstert ist, kann uns als Pferd dienen. Auf einer weichen, instabilen Sitzgelegenheit ist

...wird auch am Pferd krumm sitzen.

es viel schwieriger, sich korrekt aufzurichten. Üben Sie daher anfangs auf
einem Sessel. Später, wenn die Aufrichtung bereits einigermaßen stabilisiert ist,
werden Sie sie auch am Ball mit Leich-
tigkeit schaffen.

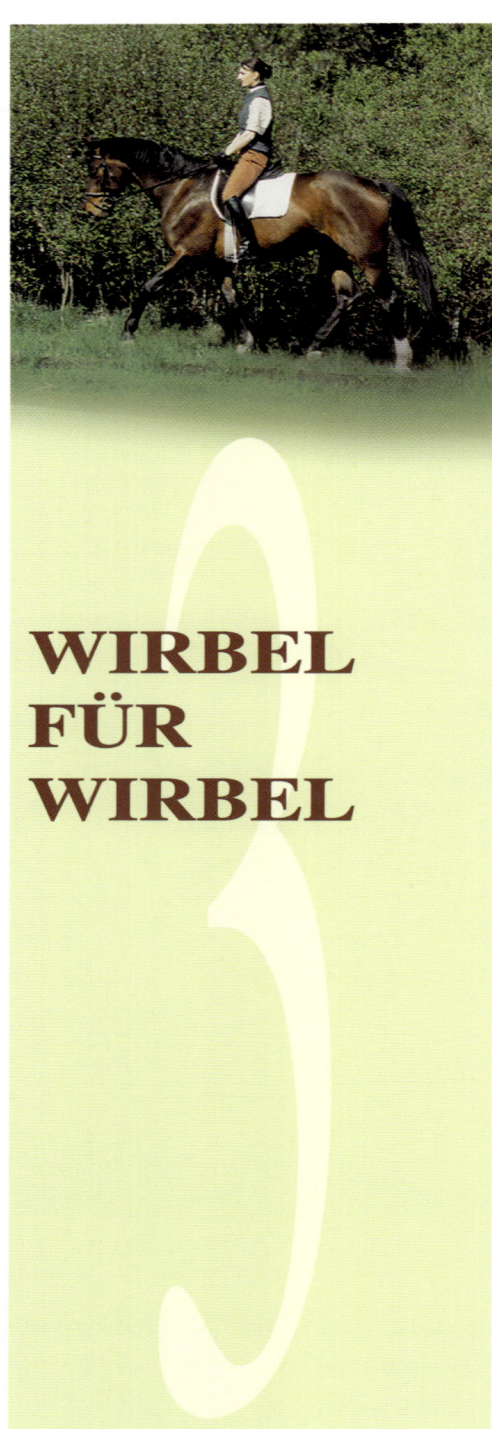

WIRBEL FÜR WIRBEL

Richten wir uns schnell und ruckartig aus unserer zusammengesunkenen Haltung auf, nach dem Motto „Brust heraus", dann aktivieren wir nur kurzzeitig die lange Rückenmuskulatur und müssen damit rechnen, daß wir diese Spannung nicht halten können und, sogar ohne pferdliche „Feindeinwirkung", bald wieder in die gewohnte Schlapphaltung zurücksinken. Am Pferd selbst ist eine solche Schnellaufrichtung völlig unbrauchbar, denn schon die ersten schnelleren Trabtritte bringen diese verkrampfte Aufrichtung zum Einstürzen, vom Galopp wollen wir erst gar nicht reden!

Beiderseits der Wirbelsäule verlaufen mächtige tiefgelagerte Muskelstränge, die für die Stabilität der gesamten Wirbelsäule verantwortlich sind. Dazu kommen noch kurze Muskeln, die jeweils immer nur die benachbarten Wirbelkörper verbinden. Auch oberflächliche, vor allem schräge Muskulatur überzieht unseren Rücken. Wie und mit welcher Muskulatur kann es uns gelingen, uns dauerhaft aufzurichten?

Die Ismakogie von *Prof. Seidel* ist eine in Wien entwickelte Bewegungslehre, die sich mit dem ständigen Muskelspiel zwischen Anspannen und Lösen beschäftigt - eine außerordentlich praktische und vor allem unauffällige Trainingsform für unser sitzdominiertes Berufsleben. Wir wollen nun versuchen, uns mit Hilfe der Ismakogie korrekt auf-

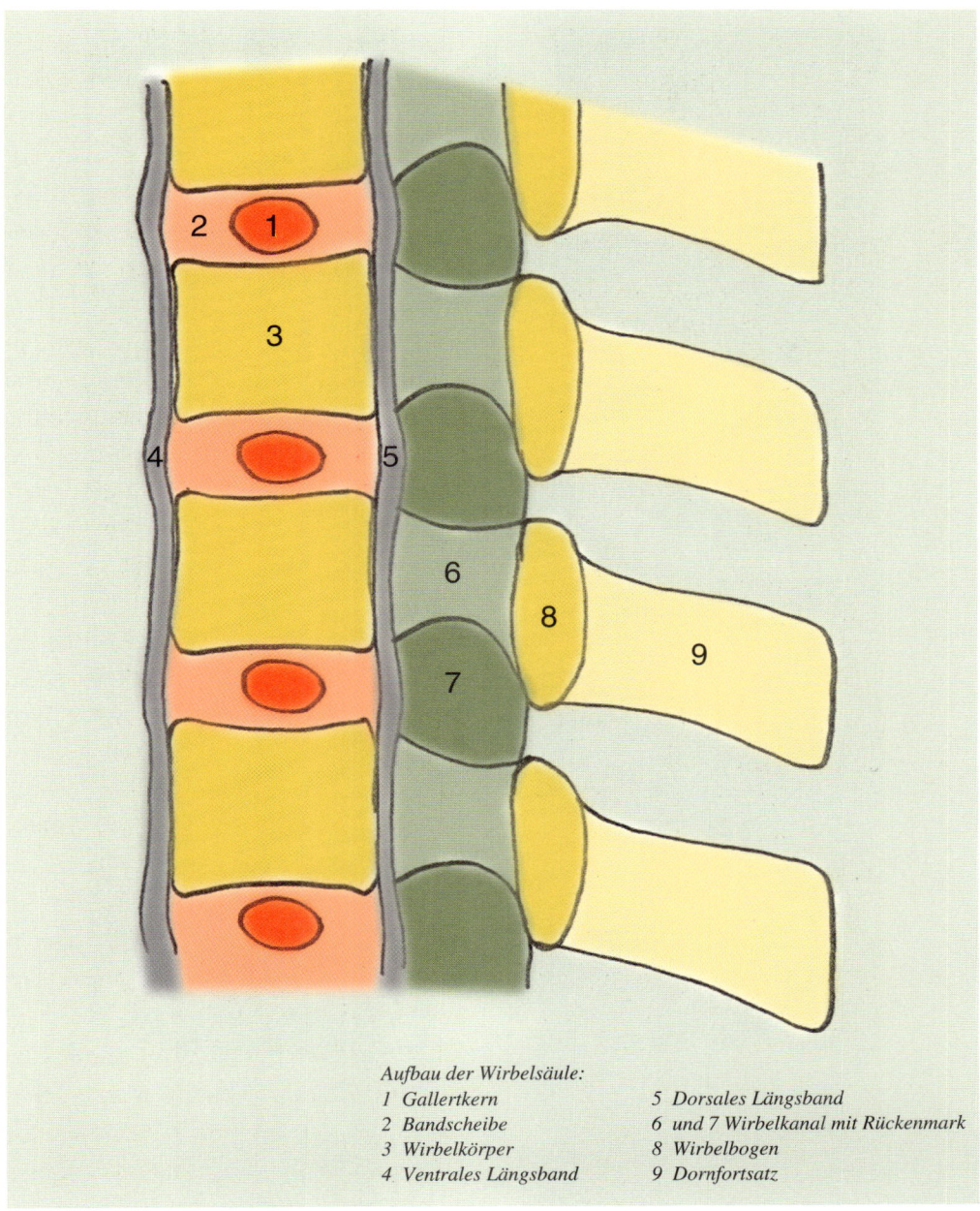

Aufbau der Wirbelsäule:
1 Gallertkern
2 Bandscheibe
3 Wirbelkörper
4 Ventrales Längsband
5 Dorsales Längsband
6 und 7 Wirbelkanal mit Rückenmark
8 Wirbelbogen
9 Dornfortsatz

zurichten, aufrecht zu bleiben und diese Sitzform so oft wie möglich im Alltag anwenden. Erst wenn sie dort genügend gefestigt ist, können wir sie auch am Pferd unter schwierigeren Bedingungen durchhalten.

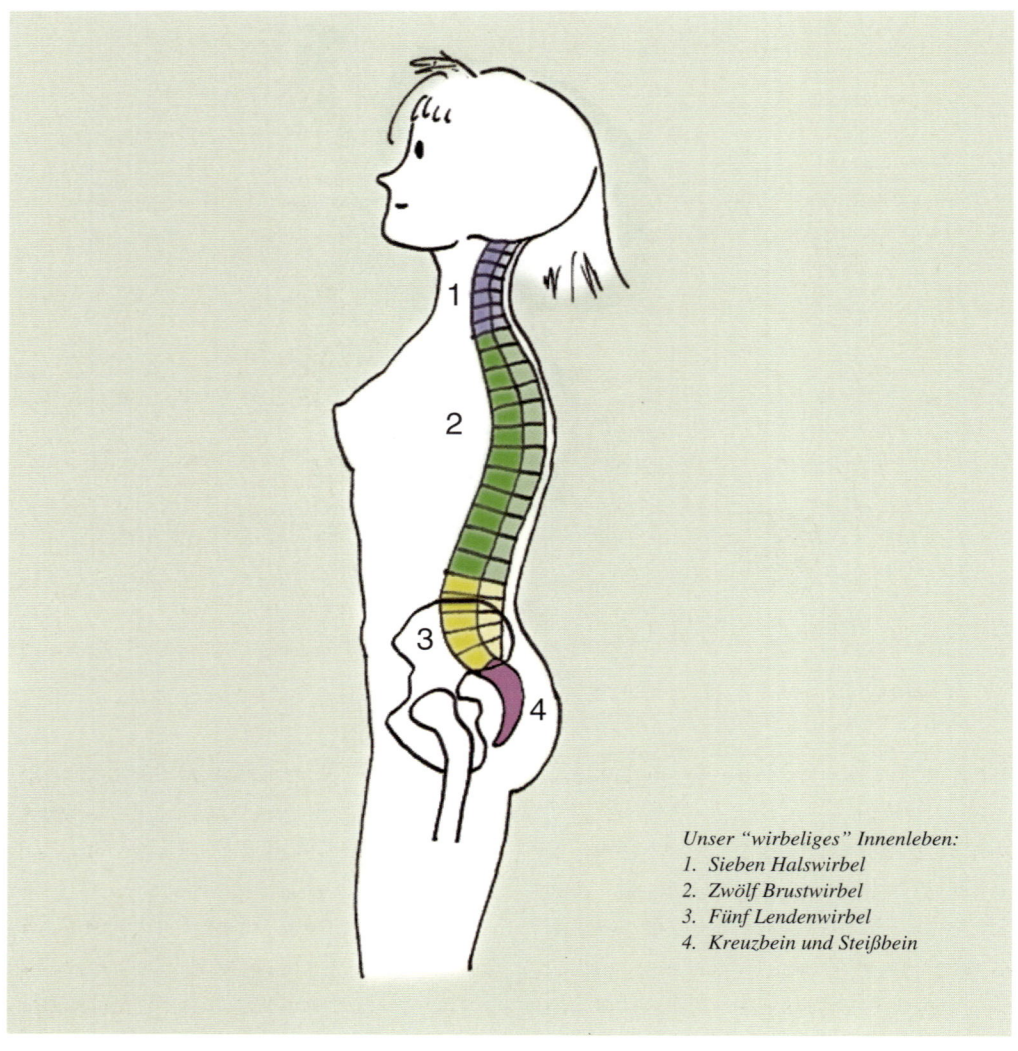

Unser "wirbeliges" Innenleben:
1. Sieben Halswirbel
2. Zwölf Brustwirbel
3. Fünf Lendenwirbel
4. Kreuzbein und Steißbein

Ü 3: Aufrichtung

(nach Horatschek):

Am Sessel: Setzen Sie sich barfuß auf die vordere Kante eines harten Stuhls. Die Oberschenkel sollen nicht aufliegen, sondern mit den Unterschenkeln einen rechten Winkel bilden. Die Fersen sind einander näher als die Vorfüße – also leichte Grätsche. Die Füße stellen über drei Punkte den Bodenkontakt her:

• das Fersenbein
• das Kleinzehen-Grundgelenk
• das Großzehen-Grundgelenk

Wir belasten diese drei Kontaktpunkte, aber es ist nicht nötig, sie als Kraftakt in den Boden zu rammen. Genausowenig

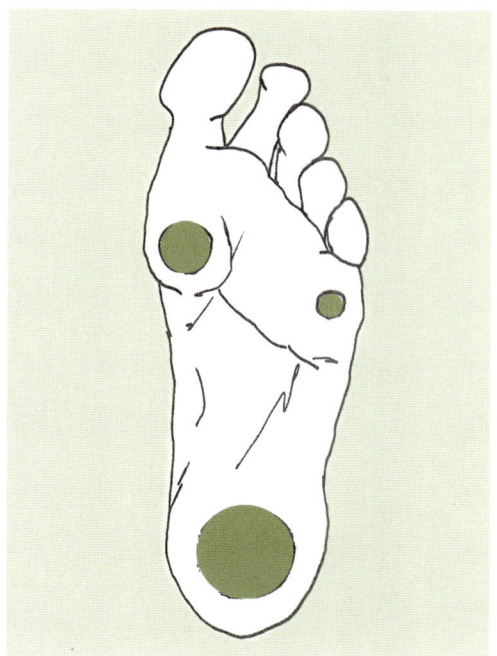

Die drei Bodenkontaktpunkte

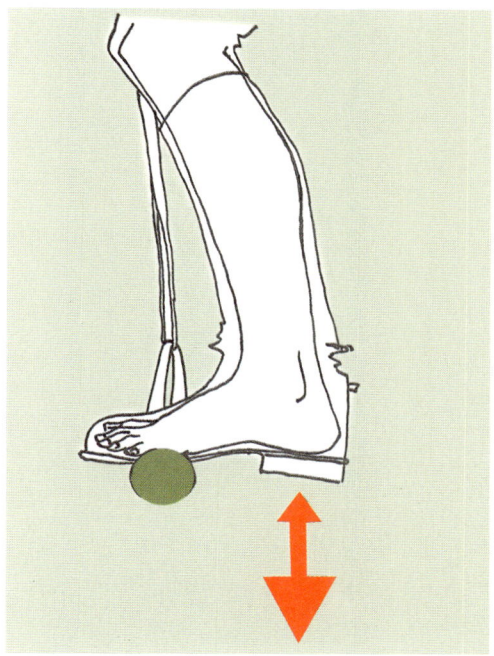

Die Bodenkontaktpunkte am Pferd

dürfen wir uns am Pferd in den Steigbügel stemmen - wir sollen nur bewußt Kontakt halten. Der Fersen-Kontaktpunkt ist am Pferd durch das Abfedern der Ferse gegeben. Daher gibt es beim Reiten, auch wenn es auf den ersten Blick nicht so aussieht, den gleichen „Bodenkontakt" wie beim Ismakogie-Sitz.

Durch das Halten dieser Bodenkontakt-Punkte beginnt ein Spannungsaufbau, ein Aufwärtszug in der Wade, der über die Oberseite des Oberschenkels hinaufläuft und schließlich im Unterbereich des Bauches spürbar wird. Wir nutzen diese Spannung nun dazu aus, um uns von unten her beginnend Wirbel für Wirbel aufzurichten. Das ist gar nicht so einfach, weil gerade im unteren Bereich die Gefahr, ins Hohlkreuz zu kommen, besonders groß ist.

Die Kreuzbeinwirbel sind fest zu einem Knochen verwachsen. Das ist auch gut so, denn mit diesem Teil könnten wir noch öfters, als uns lieb ist, den Boden küssen.

Im Lendenwirbelbereich ist besonders der fünfte Lendenwirbel, der die Bewegungen Becken gegen Wirbelsäule abfangen muß, überlastungsgefährdet. Diesen extrem beweglichen Teil zu stabilisieren, aber doch flexibel zu erhalten, das ist schlichtweg schwierig.

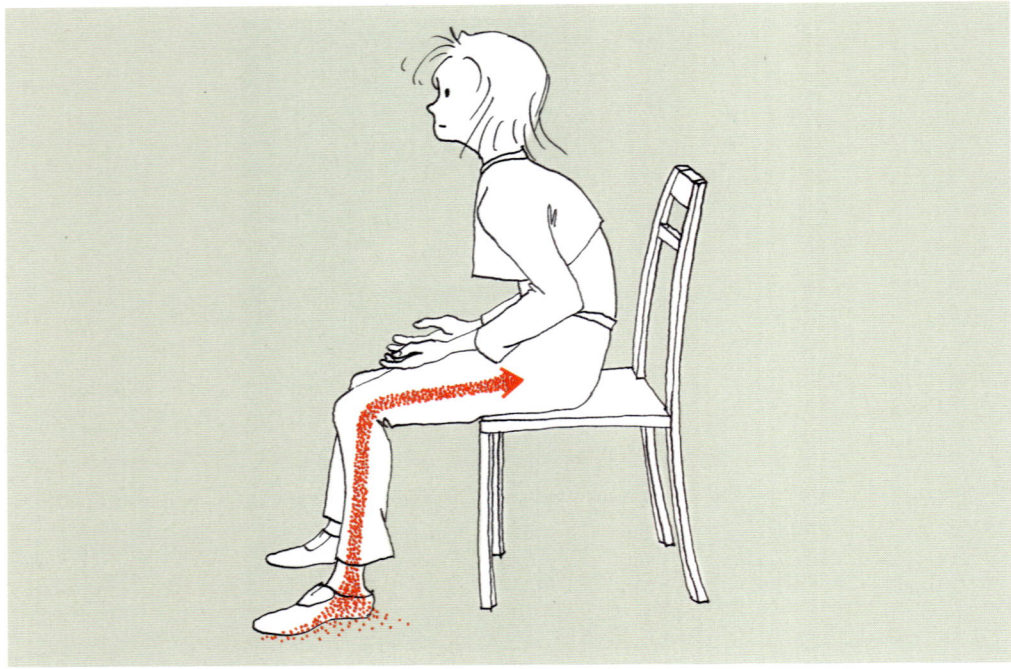

Ü 3.1: Die Aufrichtung beginnt.

Über die Brustwirbelsäule geht es nun aufwärts. Spätestens jetzt werden Sie bemerken, daß Aufrichtung nicht funktionieren kann, wenn der Schultergürtel vorne wie ein verkehrt getragener Rucksack herunterhängt. Auf seinen natürlichen Platz, nach hinten, gehört der Schultergürtel!

Der Kopf hat ein beachtliches Gewicht, er sollte daher frei, im Gleichgewicht, getragen werden. Um das zu erreichen, versuchen wir, die Halswirbelsäule quasi zu verlängern, so als wollten wir den Kopf aus den Schultern wachsen lassen. Kopf, Hals und Kinn bilden jetzt einen rechten Winkel.

Die Oberarme hängen gerade und locker herab, die Unterarme liegen ganz leicht auf den Oberschenkeln auf, die Innenflächen der Hände zeigen nach oben.

Nun sind wir im **Gleichgewicht** und könnten die muskuläre Spannung, die uns geholfen hat, diese Idealstellung zu finden, zum Großteil wieder abbauen, ohne daß unsere Haltung verloren geht. Da Sessel weder laufen noch buckeln, wird uns das verhältnismäßig einfach gelingen.

Von oben beginnend, lassen wir die Spannung aus unserem Körper abfließen und bleiben dabei trotzdem aufrecht und gerade.

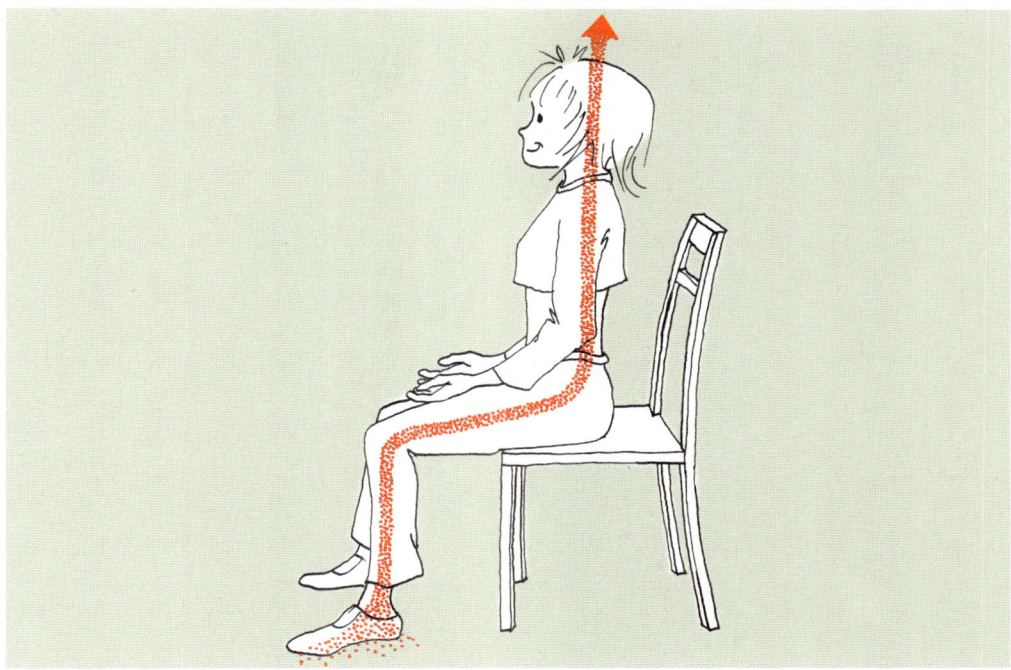

Ü 3.2: *Wirbel für Wirbel perfekt aufgerichtet.*
Ü 3.3: *Die Spannung wird abgebaut, die Aufrichtung bleibt erhalten.*

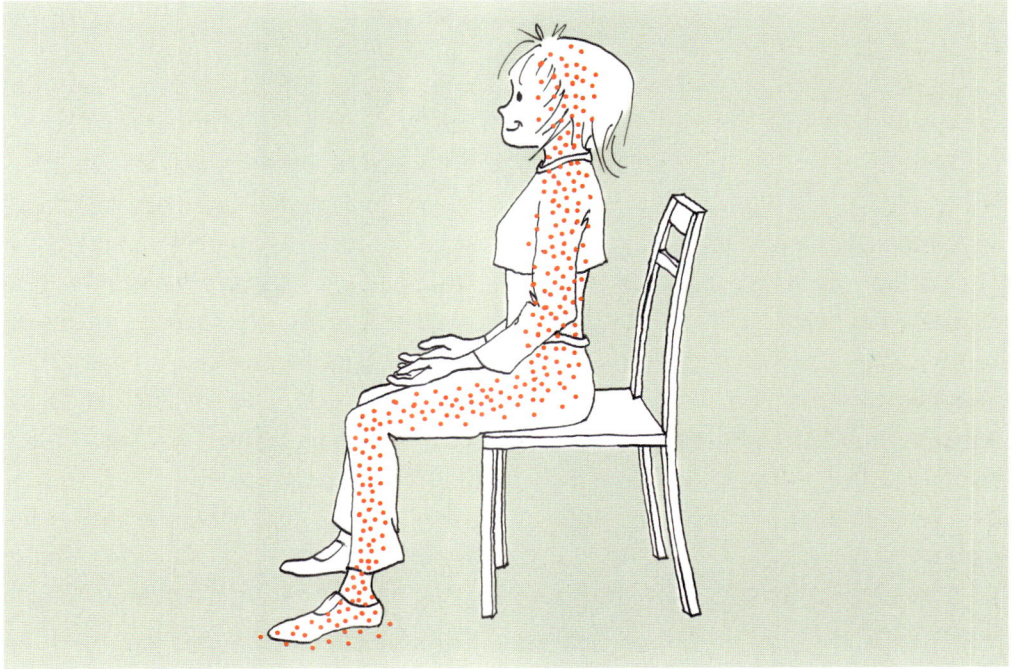

Zu Zeiten der alten Meister machten noble Anfänger ihre ersten Reiterfahrungen auf piaffierenden Pferden in den Pilaren. Herr Guster läßt Angelika auf Amadea piaffieren. (Foto Jarc)

Am Pferd werden wir anfangs ununterbrochen mit der Aufrichtung, also dem Aufbau der Spannung, beschäftigt sein, weil uns schon die geringste unorthodoxe Bewegung aus dem Gleichgewicht bringt. Aber auch geübte Reiter müssen immer wieder ihre Aufrichtung verbessern - sie ist einfach ein wesentlicher Bestandteil des Reitens.

Die Zehen sollten bei dieser Art der Aufrichtung immer frei beweglich bleiben - sie sollen spielen können. Dieses Zehenspiel, das jedes Baby vergnügt betreibt, ist uns Erwachsenen durch einengende, falsche Schuhe schon ziemlich fremd geworden. Die große Zehe beispielsweise kann dem Bein beim Aufbau der Streckspannung helfen. Das kann sie aber nur, wenn sie genügend Bewegungsfreiheit hat. Bequeme Schuhe oder Stiefel, die den Zehen genügend Platz lassen, sind daher wichtig.

VERKEHRT AUF JEDEM SESSEL

„Schlank und schmal" ist der gängige Modetrend, und als Frau ist man daran gewöhnt, schon von Jugend an beim Sitzen die Beine eng zusammenzuhalten. Wir überschlagen sie sogar - was vor allem moralische Ursachen hat - und wirken dadurch zarter und ein wenig schutzbedürftig. Männer können sich, was Haltung betrifft, ein bequemeres Leben erlauben.

An der Innenseite unserer Oberschenkel verlaufen die Adduktoren. Das sind Muskelgruppen, deren Aufgabe es auch ist, die Beine zu schließen. Sie reagieren automatisch auf Druck und Berührung. Dieses schnelle Schließen war sicherlich sehr praktisch, als sich unsere behaarten Vorfahren noch von Liane zu Liane schwangen. Beim Reiten werden wir mit diesen Muskelgruppen noch viel Ärger bekommen, denn dieses blitzschnelle Schließen bei Balanceproblemen führt ungewollt immer wieder zum Klemmen und Klammern. Pferde empfinden diesen Druck auf ihre Rücken- und Flankenmuskulatur entweder schon als Schmerz oder doch zumindest als sehr unangenehm. Andererseits kann uns dieses automatische Zumachen der Adduktoren bei einem Buckler oder einem verpatzten Sprung doch noch am Pferd halten. Es hat eben alles auch eine positive Seite.

Es ist wichtig, alle Muskelgruppen an der Innenseite der Oberschenkel zu dehnen und dann zu entspannen, damit wir

Wer reiten will, muß dehnen können. (Foto Sogl)

völlig ungezwungen einen bequemen **breiten Sitz** einnehmen können und kein einziger harter Muskelstrang das Pferd behindert. Ein schlankes Pferd macht weniger Probleme, ein wohlgenährter Dickbauch hingegen treibt die Beine und das Gesäß weit auseinander.

Nur die Innenseite der Oberschenkel zu dehnen genügt nicht. Der Motor des Pferdes liegt in der Hinterhand. Was nützen halbwegs lockere Beine, wenn ein harter, zusammengekniffener Po alle Bewegungen, die von der Hinterhand kommen, blockiert! Locker und breit muß auch unser Gesäß werden - auseinanderfließen muß es. Das ist eine noch viel ungewöhnlichere Stellung als nur geöffnete Beine.

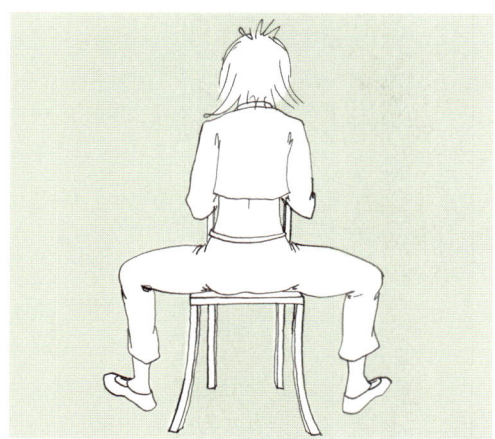

Ü 4: Der breite Sitz

Ü 4: Der breite Sitz

Setzen Sie sich verkehrt auf einen Sessel, um bewußt eine neue ungewohnte Sitzsituation zu schaffen. Richten Sie sich korrekt auf. Zuerst dehnen Sie die Innenseite der Oberschenkel, das sind die verflixten Adduktoren, und danach entspannen Sie diese Muskelgruppen. Dann konzentrieren Sie sich darauf, auch die Gesäßmuskulatur, die wir genau wie die Beine im Alltag schmal halten, breit werden zu lassen und total zu entspannen. Auf dem diskreten Örtchen erlauben wir uns diese Art des Sitzens, versuchen Sie es jetzt auch auf Ihrem Sessel. Die Knie bleiben dabei total locker.

Der breite Sitz am Ball: Wenn Sie sich schon am Sessel an die neue Sitzform gewöhnt haben, dann nehmen Sie sie auch am Ball ein. Achten Sie darauf, daß Sie bei dieser Übung nicht ins Hohlkreuz kommen!

Sie werden feststellen, daß der breite Sitz eine sehr gewöhnungsbedürftige Stellung ist, und es ist verständlich, daß Sie ihn unter den erschwerten Bedingungen am Pferd anfangs nicht ohne weiteres durchhalten können.

Sitzen wir völlig locker, dann fühlt sich das Pferd durch die weiche, entspannte Gesäßmuskulatur und durch die sich locker anschmiegenden Schenkel des Reiters nur massiert und nicht beengt. Weiche, lockere Reiterbeine behindern weder die Flankenbewegungen noch die Atmung des Pferdes.

„Der Reiter soll seine Unterschenkel stets in Anlehnung mit dem Pferde haben und findet diese von selbst, wenn er sie natürlich hängen läßt und nicht erst durch künstliche Stellung der Schenkel die Anlehnung suchen muß." (Steinbrecht)

Alle Aufforderungen wie: „Fußspitzen zum Pferd!" oder „Fußspitzen nach innen drehen!" oder „Ferse tief!" führen zwangsweise zu einer verkrampften Beinhaltung. Lockere Beine hingegen ergeben automatisch eine fast parallele Fußhaltung und ermöglichen das Absinken der Ferse.

Nehmen Sie den breiten Sitz so oft Sie können ein, dabei läßt sich auch ausgezeichnet fernsehen. Erst wenn Ihnen diese Position völlig vertraut ist, können Sie damit rechnen, daß Sie sie auch am Pferd in schwierigen Situationen beibehalten.

WER VERSPANNT SICH WO?

Dauernder Streß, also Überlastung, kann zu chronischen Verspannungen führen, die abhängig vom Typ des Menschen bevorzugt an bestimmten Körperteilen auftreten. Der kühle Rechner, der analytische Typ, wird Schwierigkeiten im Lendenwirbelbereich bekommen, dort blockt er alles Unangenehme ab. Der kreative, künstlerische Typ ist besonders anfällig für Verspannungen im Bereich Hals-Nacken-Schultern (nach *Eggertsberger*).

Unabhängig vom Typ neigen aber alle Menschen dazu, sich bei Angst, Ärger und Unsicherheit im Hals-Nacken-Bereich zu verspannen.

Die Pferdebewegung ist für den Reiter ein dauerndes Hoch und Tief an der Sitzbasis. Wir reagieren schon mit einem minimalen reflexartigen Anspannen der Gesäß- und Oberschenkelmuskulatur, wenn wir vom Pferd nur hochgenommen werden. Aber erst recht verspannen wir uns, wenn wir hochgeschossen oder -gestoßen werden - alle diese Unannehmlichkeiten hat ein arbeitsunwilliges Pferd auf Lager. Im Hals-Nacken-Bereich werden wir zusätzlich steif, weil jede Unsicherheit dort zur Blockade führt. Erstarrt der Hals-Nacken-Bereich, dann werden sofort auch die Hände hart. Die Verspannung kann also beim Reiten gleichzeitig von oben und unten angreifen und blockiert dann blitzartig auch andere Körperteile.

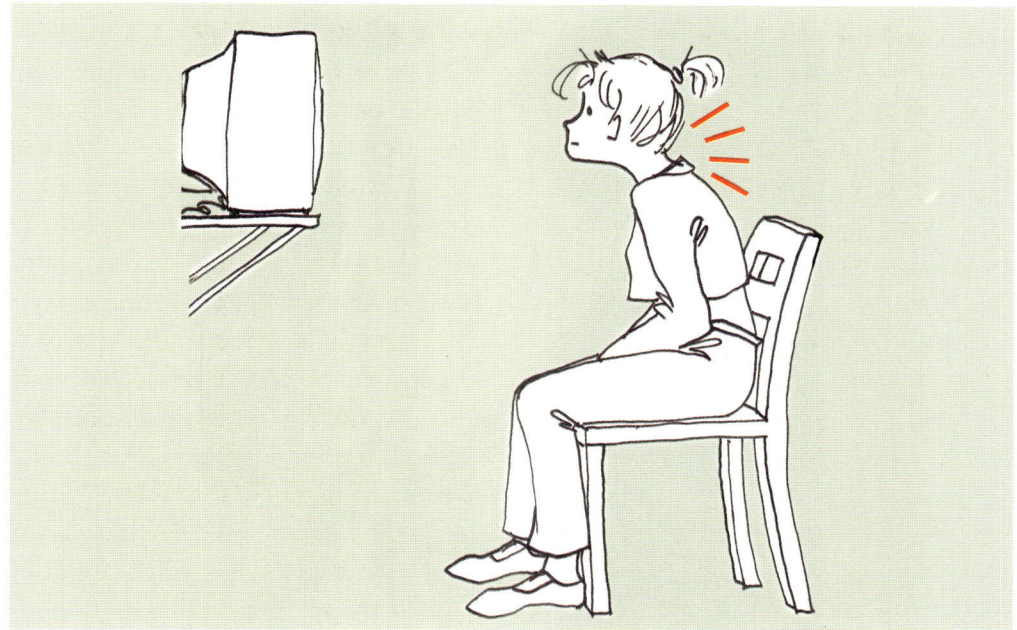

Ganz normale Alltagsverspannungen

Erst beim Tiefgehen des Pferderückens können wir bewußt entspannen, bewußt lösen. Je tiefer wir im Pferd sitzen, je mehr Kontakt und Sicherheit wir spüren, desto leichter fällt uns die Entspannung.

Reiten ist für jeden, auch den geübten Reiter, ein Wechselspiel zwischen reflexartigem Anspannen und bewußtem Lösen.

Der Könner reagiert beim Hochgehen des Pferderückens nur mehr mit einem Minimum an Verspannung - ganz ausschalten kann man Reflexe nicht. Die Entspannung beim Tiefgehen erfolgt durch jahrelange Routine so automatisch, taktmäßig genau und ohne jede Anstrengung, daß sie vom Reiter kaum mehr wahrgenommen wird.

Der ungeübte Reiter hingegen plagt sich ungemein. Das Tempo des Wechselns zwischen Anspannen und Lösen überfordert ihn, und das Resultat ist eine unbewältigte Summe von Verspannungen, auf die das Pferd natürlich beleidigt reagiert.

Um schneller reagieren zu lernen, müssen wir daher immer wieder das Entspannen üben. Auch ein Arbeitsplatz kann dafür ein geeignetes Trainingsgelände sein. Die starre Arbeitshaltung, die wir zum Beipiel an einem Computer einnehmen - das konzentrierte Schauen aus der immer gleichen Entfernung in die immer gleiche Richtung - ist sehr ähnlich der Verspannungshaltung am Pferd. Übrigens: auch ein langer Fernsehabend hat den gleichen negativen Effekt!

Ü 5: Entspannen durch Hindenken

Starren Sie jetzt ganz bewußt auf einen Gegenstand. Greifen Sie dabei mit der Hand an den Ansatz der Nackenmuskulatur beziehungsweise an den Haaransatz. Tasten Sie sich ein paar Zentimeter den Nackenstrang entlang. Merken Sie, wie hart sich diese Muskulatur anfühlt?

Lassen Sie die Hand sinken, schließen und entspannen Sie Ihre Augen. Schieben Sie gedanklich alles Unangenehme von sich. Atmen Sie dabei hörbar aus. **Denken** Sie sich bewußt an den Ansatz der Nackenmuskulatur und versuchen Sie, sich dort zu lockern und zu lösen. Sich Hindenken ist die einfachste Art und Weise, einzelne Körperpartien zu entspannen, setzt aber voraus, daß man eine gewisse gedankliche Treffsicherheit hat.

Ü 6: Entspannen durch die kreisende Dusche

Will Ihnen diese rein gedankliche Entspannung noch nicht so recht gelingen, dann hilft vielleicht der Trick mit der Dusche: Stellen Sie sich einfach vor, Sie stünden unter einer angenehm warmen Dusche. Der Strahl massiert Sie mit kleinen kreisenden Bewegungen - ein köstliches Gefühl! Legen Sie Ihre Hand neuerlich auf Ihren Nacken. Merken Sie, um wieviel weicher sich jetzt Ihre Muskulatur anfühlt?

Trainieren Sie diese Entspannungsübungen auch auf dem bewegten Ball. Die Hoch-Tiefbewegung am Ball ist dem Hoch-Tief des Pferderückens sehr ähnlich, und daher lassen sich diese Entspannungsübungen am Ball ausgezeichnet ausführen.

Bedenken Sie, daß nur ein entspannter Muskel gut durchblutet, also voll versorgt werden kann. Muskulatur, die unter Daueranspannung steht, bleibt einerseits unterversorgt, andererseits können Schlackenstoffe nicht abtransportiert werden, und das kann zu schmerzhaften Entzündungen führen. Anfangs dauert jeder Lockerungsprozeß lange und erfordert viel Konzentration. Je geläufiger der Vorgang wird, umso einfacher und angenehmer werden Sie ihn empfinden.

Wenn Sie sich bei jeder schnelleren Bewegung Ihres Pferdes einen halben Meter über dem Sattel befinden, dann können Sie sicher sein, daß Sie extrem verspannt sind. Versuchen Sie mit detektivischer Genauigkeit, Ihre Verspannungen aufzuspüren, zu lokalisieren und immer wieder zu lösen.

Unserer stressigen Arbeitswelt können wir nicht mehr entkommen. Wenn Sie einmal gelernt haben, sich immer wieder im Hals-Nacken-Bereich zu entspannen, dann haben Sie auch für Ihren Alltag viel profitiert!

*Was raschelt dort im Busch? Auch Pferde verspannen
sich in Momenten scheinbarer Gefahr.
Justine auf Easy Jumper. (Foto Jarc)*

DER VER-
RUTSCHTE
SCHULTER-
GÜRTEL

Es nützt überhaupt nichts, sich am Beginn einer Reitstunde „ordentlich" hinzusetzen und anzunehmen, dieser Zustand würde für längere Zeit andauern. Es kommt durch die starken Bewegungen an der Sitzbasis immer wieder zum Zusammenbruch unserer Aufrichtung. Mit jedem Schritt werden wir buckliger, der Schultergürtel rutscht immer mehr nach vorne. Ein Stückchen und noch ein Stückchen, und auf einmal haben wir wieder unsere alte, gewohnte Fehlhaltung und haben die Veränderung gar nicht bemerkt.

Da wir schon von Kindesbeinen an daran gewöhnt sind, in vorgebeugter Arbeitshaltung an falschen, nämlich geraden Tischen zu schreiben und zu lesen, gehört das Nach-vorne-Rutschen unseres Schultergürtels im Alltag schon zum guten Ton. Dieser wanderfreudige Körperteil liegt, nur von Muskeln gehalten, auf dem Brustkorb auf. Das ist sehr praktisch, wenn es um die Beweglichkeit geht, aber unpraktisch, wenn wir am Pferd mit starken Hoch- und Tiefbewegungen kämpfen. Aus Unsicherheit verspannen wir nicht nur unseren Hals-Nacken-Bereich, wir kippen dabei auch den Schultergürtel nach vorne. Das ist ein Teil der Kauerstellung, einer Schutzhaltung, die wir schon im Mutterleib eingenommen haben. Wenn wir entspannt und ausbalanciert reiten wollen, dann müssen wir uns von dieser alltäglichen Fehlhaltung verabschieden.

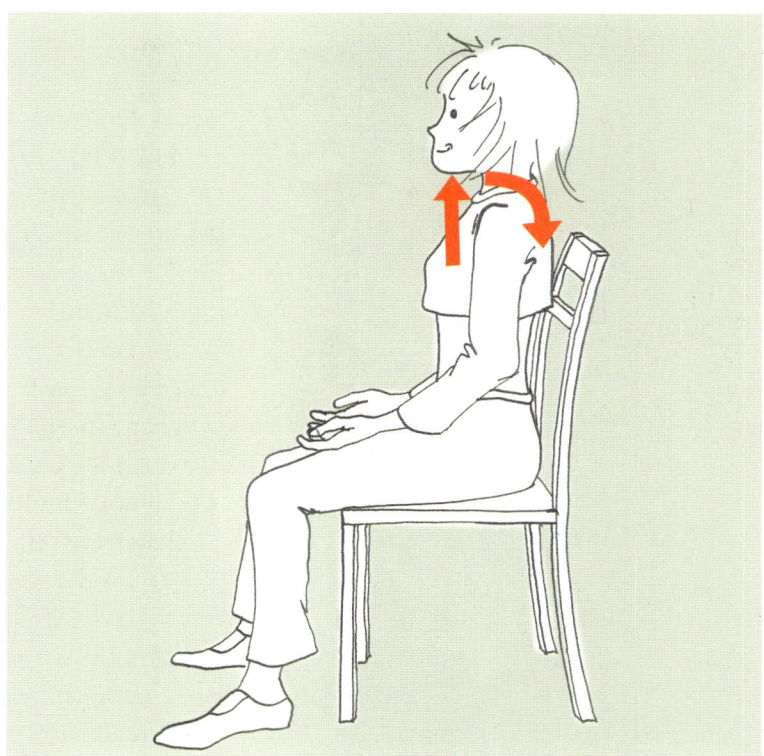

*Ü 7: Schultergürtel
zurück*

Ü 7: Schultergürtel zurück

Setzen Sie sich breit und locker auf einen Sessel oder den Ball, stellen Sie den Bodenkontakt her und richten Sie sich Wirbel für Wirbel von unten beginnend auf.

Nun ziehen Sie die Schultern in Richtung Ohren hoch und lassen sie dann entspannt nach hinten zu absinken. So erreichen Sie, daß der Schultergürtel wieder an seinem richtigen Platz positioniert wird.

Wenn Ihnen diese Haltung anfangs fremd, ja sogar unbehaglich ist, dann können Sie sicher sein, daß sich Ihre Brustmuskulatur schon um einiges verkürzt hat. Verwechseln Sie das natürliche Absinken des Schultergürtels nicht mit dem militärisch steifen „Brust heraus". Dieses Kommando ist leider noch immer auf manchen Reitplätzen zu hören.

Sie könnten nun, wie es in China der Brauch ist, mit einer Schulterstange Lasten tragen. Könnten Sie aber, wie es in Afrika üblich ist, einen gefüllten Krug auf Ihrem Kopf tragen? Wenn nicht, dann sind Sie noch immer nicht ganz im Lot und müssen Ihren Kopf zentrieren.

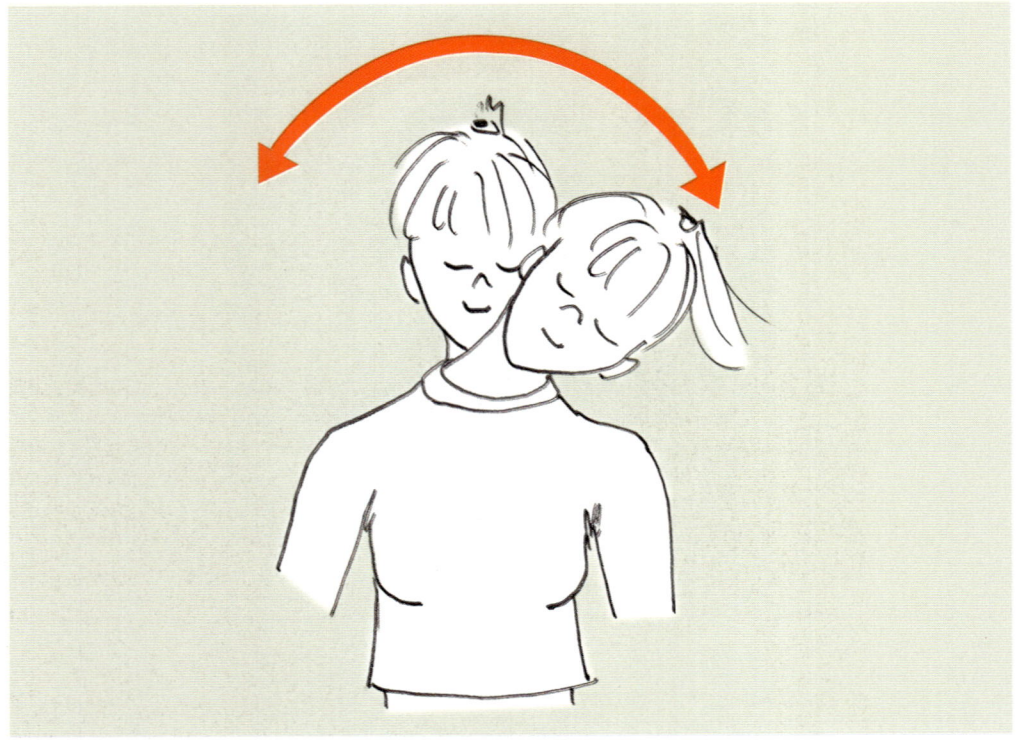

Ü 8: Kopf zentrieren

Ü 8: Kopf zentrieren
(eine spezielle Übung von Eva)
Um Halsmuskelverspannungen zu lösen, lassen Sie Ihr rechtes Ohr zur rechten Schulter und Ihr linkes Ohr zur linken Schulter sinken. Dann den Kopf mit dem Kinn zur Brust sinken lassen und dabei hörbar ausatmen. Nun lassen Sie Ihren Kopf vom Nacken her lang werden, herauswachsen, bis er leicht und frei in der Mitte „schwebt".

Diese natürliche Haltung benötigt nur wenig Muskelkraft - Sie sind nun in der **Balance.**

Anfangs verlieren wir schon bei der geringsten „pferdlichen Feindeinwirkung" die natürliche Balance und sind daher immer wieder mit dem Aufrichten und Zentrieren beschäftigt. Das ist ein Zwischenstadium, das aber nicht ewig dauert.

Versuchen Sie in jeder Situation, egal wie gefährlich sie auch erscheinen mag, ruhig und entspannt zu **atmen.** Diese Gelassenheit überträgt sich ganz automatisch auch auf Ihr ängstliches Pferd und macht allmählich aus einem Nervösling wieder einen ansprechbaren

Nina sitzt korrekt. (Foto Kremser)

Reitpartner. Halten Sie hingegen die Luft an, dann verspannt sich Ihr ganzer Körper, und das bestärkt das Pferd erst recht in seiner Annahme: Hier kommt etwas unglaublich Gefährliches auf mich zu!

DAS GEHEIMNIS DER WEICHEN HAND

In jeder Gangart bewegt das Pferd nicht nur seinen Körper, sondern - zum Leidwesen mancher Reiter - auch seinen Kopf, und zwar sind das mehr oder weniger starke Nickbewegungen. Im Trab wird wenig genickt, im Schritt schon wesentlich mehr, und sehr deutliche Nickbewegungen sind im Galopp zu sehen.

Bummeln wir im Gelände mit einem zuverlässigen Pferd dahin, dann leisten wir uns im Schritt einen durchhängenden Zügel. Auch am Anfang und am Ende einer Reitstunde oder auch zwischendurch lassen wir unser Pferd sich genüßlich strecken. Wird aber intensiv geritten, dann brauchen wir dazu eine direkte Verbindung zum Maul. Damit unser Pferd diese ständige Verbindung nicht als allzu störend empfindet, müssen wir sie weich, elastisch, federnd und immer völlig gleichmäßig halten. Das würde für den Reiter bedeuten, daß er ununterbrochen blitzschnell reagieren müßte, um alle Nickbewegungen des Pferdekopfes mit seinen Armen synchron mitmachen zu können - eine unzumutbare Angelegenheit!

Versuchen wir es daher lieber mit der Methode „Selbstbedienungsladen". Offerieren wir dem Pferd einen lockeren Arm, und zwar gleich mit allen Muskelgruppen rundherum, dann kann es ganz nach eigenem Belieben nicken.

Das Schultergelenk ist ein Kugelgelenk, dessen Muskeln, Sehnen und Bän-

Ü 9a: Schultergelenk-rundum-Lösen

der einem Stern ähnlich um die Gelenk-kugel angeordnet sind. Hier im Ansatz-bereich aller Muskelgruppen muß dieses Ablockern beginnen. Ganz besonders wichtig ist dieses Ablockern in Momen-ten scheinbarer Gefahr.

Da wir uns in solchen Situationen reflexartig im Hals-Nacken-Bereich ver-spannen, wären wir ohne dieses bewuß-te Lösen gar nicht mehr in der Lage, dem Pferd einen lockeren Arm und so-mit eine weiche Zügelverbindung an-zubieten.

Ü 9a : Schultergelenk rundum lösen
Am Ball oder am Sessel: Richten Sie sich korrekt auf - Schultergürtel und Kopf im Gleichgewicht - und lassen Sie Ihre Arme locker neben dem Körper hängen.

Stellen Sie sich vor, seitlich auf Ihrem Oberarm wäre eine große Uhr montiert. Beginnen Sie nun den Ansatzbereich Ihres Oberarms im Uhrzeigersinn zu lockern. Kreisen Sie rückwärts in langsamen, anfangs noch großen Schwüngen. Arbeiten

Entspannt dahinbummeln.
Justine aud Easy Jumper und Inge auf Lisa. (Foto Jarc)

Sie sich bewußt Muskelstrang für Muskelstrang „rund um die Uhr". Später werden die Schwingkreise immer kleiner und kleiner und sind schließlich fast unsichtbar. In der Feinform ist das Ganze eigentlich mehr ein „gedankliches" Schwingen, aber trotzdem wird dabei gelöst.

Eva arbeitet gerne mit der Vorstellung, daß im Gelenk eine Kugel kreist. Vielleicht gefällt Ihnen diese Version?

Ihre Brustmuskulatur ist möglicherweise durch das ständige Nach-vorne-Rutschen des Schultergürtels schon ein wenig verkürzt. Sie müssen dann nicht nur lösen, sondern zugleich auch dehnen.

Diese lösenden **Schwingkreise** sind auch eine unbeschreibliche Wohltat bei stundenlanger Arbeit am Computer - ich weiß, wovon ich rede! Nicht nur die strapazierten Bandscheiben im Halswirbelbereich, auch die ständig überdehnte Nacken- und Schulterpartie führt häufig zu Kopf- und Rückenschmerzen. Auch dagegen helfen diese lösenden Schwünge.

Wenn beim Reiten immer wieder von der Hand gesprochen wird, dann ist das mehr eine symbolische Ausdrucksweise, in Wirklichkeit ist damit fast immer der ganze Arm gemeint - das ist zugegebenermaßen etwas verwirrend. Was beim Könner ganz leicht und elegant aussieht

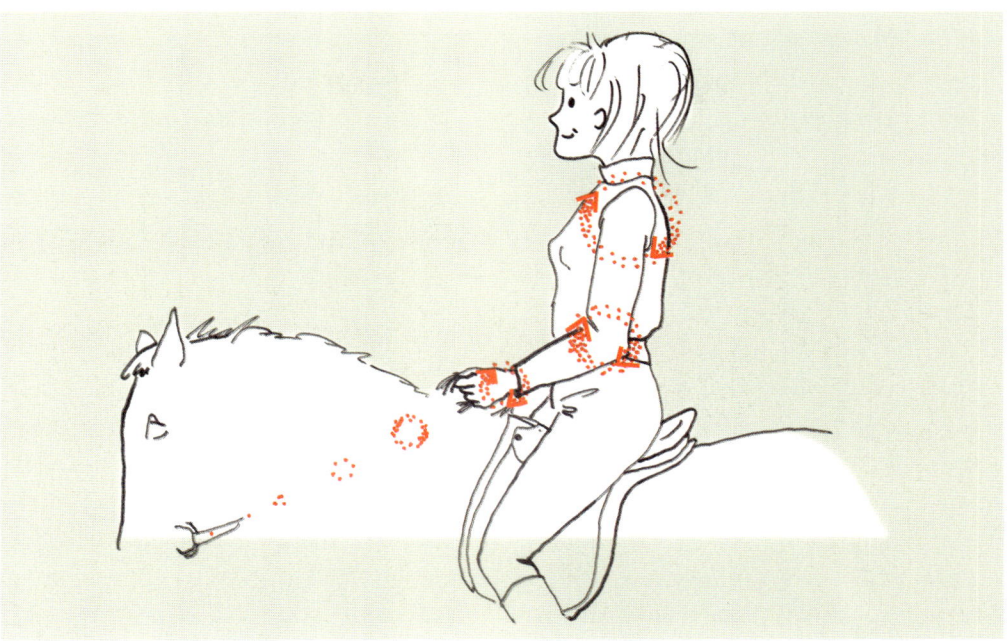

Ü 9b: Ausschwingen im Ellbogengelenk,
Durchlassen der Bewegung im Handgelenk.

- diese berühmte ruhige Hand - ist beim Anfänger natürlich noch ein ziemliches Gewackle. Durch Balanceprobleme kommt es nicht nur zu unruhigen Händen, auch der Kopf wackelt und die Beine schlottern. Es wäre aber völlig falsch, jetzt die Hand ruhig halten zu wollen. Nur als Reiterstandbild ist das möglich, denn in einer Bewegung kann es keine Bewegungslosigkeit geben! Nur das Mitgehen mit dieser Bewegung, also das Schultergelenkkreisen, bringt uns zur scheinbaren optischen Ruhe, nämlich zum Gleichklang der Bewegungen. Das Mitschwingen mit der Pferdebewegung darf aber niemals beim Schultergelenk enden.

Ü 9b: Ausschwingen im Ellbogengelenk

Am Ball oder am Sessel: Lassen Sie die Schwungbewegung, die vom Schultergelenk kommt, durch Ihr Ellbogengelenk durchschwingen - natürlich in einem wesentlich verkleinerten, schwächeren Schwung. Hier brauchen Sie nicht mehr aktiv zu werden - lassen Sie einfach geschehen.

Durchlassen der Bewegung im Handgelenk

Nun beginnt die Bewegung bereits auszuklingen, zu verebben. Gestatten Sie das, indem Sie Ihr Handgelenk bewußt so locker halten, daß der restliche Schwung noch bis zu den lockeren Fingern vordringen kann.

Kein Pferd wird mit einem „Eisenmaul" geboren, das ist immer das Werk eines schulterverkrampften Reiters mit einer harten Hand. Je besser ein Pferd geritten wird, desto weicher ist die Anlehnung, die es sucht. Das heißt, nicht wir stellen diese Verbindung her, sondern wir bieten den Zügel nur an, das Pferd sucht sich selbst die Verbindung.

Selbstverständlich wird es auch Situationen geben, in denen wir ganz bewußt eine stärkere Verbindung zum Pferdemaul halten müssen - „durchtreiben" nennt man das. Diese kurzen Korrekturmomente dürfen immer nur in Verbindung mit einem intensiven Vorwärtsreiten erfolgen und niemals aus einer starren, fixierten Schulter heraus.

Schritt: In der ruhigsten Gangart, dem Schritt, fühlt sich jeder wohl. Die meisten Reiter wissen noch nicht, wie schwierig es eigentlich ist, ein Pferd im Schritt am Zügel zu reiten. Durch das gemächliche Tempo besteht die Gefahr, daß man den Takt verschläft, also sein Schultergelenk nicht ständig rundum löst, auf Ellbogen- und Handgelenk überhaupt vergißt und dadurch im Zügel hängenbleibt. Dadurch ergeben sich schwer korrigierbare Fehler, beispielsweise der Paß. Das Pferd tritt dabei mit beiden Beinen der jeweiligen Seite zugleich vor – wie ein Kamel. Hat ein Pferd diese falsche Gangart erst einmal

entwickelt, wird es immer wieder darauf zurückkommen. Als Anfänger sollte man daher möglichst wenig Schritt am Zügel reiten.

Lieber öfter Schrittpausen am hingegebenen Zügel einschalten - dabei kann nichts passieren.

Trab: Ein Anfänger kann es kaum schaffen, im schnellen Tempo des Trabs taktmäßig genau zu lösen - dabei wäre er wirklich überfordert. Einfach immer nur das Schultergelenk bewußt rundum lösen, im Ellbogengelenk kreisen und das Handgelenk locker lassen, das genügt schon für den Anfang.

Im Laufe der Zeit wird sich auch der Anfänger an den exakten Takt des Trabs heranpirschen. Als Erwachsener muß man aber immer damit rechnen, daß jede Störung beziehungsweise Verunsicherung in der schnellen Gangart Trab sofort zur Blockade aller dieser Gelenke führt. Diesen Reflex können wir nicht verhindern, aber wir müssen automatisch reagieren lernen:

Wenn mich etwas erschreckt oder verunsichert hat, dann muß ich **sofort** besonders intensiv Schulter-, Ellbogen- und Handgelenke lockern!

Galopp: In dieser Gangart werden wir vom Pferd am deutlichsten hochgenommen, daher muß auch das Schultergelenk-rundum-Lösen und das Krei- sen beziehungsweise Lockern im Ell- bogen- und Handgelenk besonders deutlich erfolgen.

Bei jeder Aufwärtsbewegung des Pferderückens setzt beim Reiter die Automatik des Sich-Verspannens ein.

Je routinierter Sie werden, desto schneller werden Sie darauf reagie- ren und sich automatisch entspannen.

Schließlich wird es Ihnen sogar gelingen, sich bereits in dieser Auf- wärts-Phase zu lösen und die Schul- tern locker sinken zu lassen.

DER HILF- LOSIGKEITS- ZÜGEL

So könnte man in den meisten Fällen diese Hilfe nennen, die Reiter dann anwenden, wenn sie mit ihrem Latein am Ende sind. Egal um welche Art von zusätzlichem Zügel es sich dabei handelt, immer wird dabei der Kopf des Pferdes mechanisch, also mit Kraft heruntergeholt, um zu verhindern, daß das Pferd den Rücken wegdrücken kann. Jede Art von Druck erzeugt aber Gegendruck, also Widerstand. Auch wenn die meisten modernen Hilfszügel erst dann einen Druck ausüben, wenn das Pferd den Kopf hochreißt, so stellen sie doch eine Beeinträchtigung der Bewegungsfreiheit dar.

Gerade bei der Arbeit mit einem Hilfszügel wird oft die Schnellkorrektur des Bereiters mit den Reitversuchen eines Amateurs verwechselt. Hat ein Besitzer sein Pferd durch klammernden Sitz und harte Hände so frustriert, daß es schon beim Anblick des Sattels den Rücken wegdrückt, dann muß der Fachmann her. Von ihm erwartet man, daß er in kürzester Zeit Wunder vollbringt. Also bleibt diesem schon aus Zeitmangel nichts anderes übrig, als den Kopf des Pferdes mit einem Hilfszügel zuerst einmal herunterzuholen, um das Pferd dann durch einen behutsamen Sitz und weiche Hände zu beruhigen und zu entspannen, damit es sich endlich wieder über den Rücken reiten läßt.

Beim Springen wölbt sich der Rücken des Pferdes stark auf, rundet sich, und

Inge als brutale Schlaufzügelreiterin auf der sichtlich unglücklichen Lisa. (Foto Jarc)

die Muskulatur muß sich, besonders bei hohen Hindernissen, extrem dehnen. So wie sich Turner vor einem Wettkampf aufwärmen und Dehnungsübungen absolvieren, so schwören einige Springer auf ähnliche Dehnungsübungen in die Tiefe mit Hilfe eines Zusatzzügels. Das ist dann vorzugsweise ein Schlaufzügel. Ob es sich nun um die Arbeit eines guten Bereiters in der Dressur handelt oder ob ein Springprofi sein Pferd speziell aufwärmt, wenn Sinn hinter der Sache steckt, und die Hände dabei nicht hart und starr werden, dann ist gegen einen Hilfszügel nichts einzuwenden.

Auch als Unterstützung für einen Anfänger kann ein Hilfszügel durchaus zweckmäßig sein. Abends ist Hochbetrieb in jedem Reitstall. Longenstunden sind zeit- und personalaufwendig, und daher werden viele Anfänger oft zu früh in die große Freiheit der Reitbahn entlassen. Um das Pferd vor den ungeschickten Händen des Anfängers zu schützen, kann man mit Ausbindern (Chambon), Equilonge oder dem berühmten „Gummischnürl" eine Verbindung zwischen Pferdekopf beziehungsweise Maul und Sattelgurt herstellen. Der Anfänger kann sich dadurch in seinen ersten Frei-Reitstunden mehr auf seinen Sitz konzentrieren, und das Pferd wird etwas weniger im Maul gestört. In diesem Fall ist ein Hilfszügel vertretbar, auch dann noch, wenn sich ein schwacher Reiter auf einem etwas verrittenen Pferd zwar sehr bemüht, aber noch zu einwirkungslos ist, um es ohne Hilfszügel schwungvoll über den Rücken vorwärtsreiten zu können.

Ganz anders hingegen verhält sich die Sache, wenn es sich um Hilfszügel-Dauerreiter handelt. Sie benützen vorzugsweise den Schlaufzügel, ohne jemals begriffen zu haben, daß dieser gefährliche Hilfszügel nur in den kurzen Momenten der Korrektur zum Einsatz kommen darf. Hört der Widerstand des Pferdes auf, muß sofort wieder nur auf Trense geritten werden.

Um ein Pferd mit Hilfe des Schlaufzügels korrigieren zu können, muß man nicht nur eine sehr schnell reagierende feine Hand haben - also im Schultergelenk perfekt mitschwingen können -

man muß auch noch im Moment der Korrektur sehr effizient vorwärtsreiten können. Deshalb heißt es auch: „Ein Schlaufzügel in der Hand eines Amateurs ist wie ein Rasiermesser in der Hand eines Affen!"

Das Pferd zeigt nicht nur durch seinen Gang, sondern auch sehr deutlich durch seine Kopfhaltung jeden Sitz- und Handfehler des Reiters an. Genau diese Signale fehlen beim verschnürten Pferd.

Unerträglich selbstbewußt rumpeln daher manche „Superreiter" jahrelang auf ihren ursprünglich sehr guten und oft sehr teuren „Pferdpaketen" dahin. Die Kopfhaltung ihres Pferdes kann sie jetzt nicht mehr verraten - so glauben sie - aber von Gang und Schwung ist natürlich keine Rede mehr. Heruntergebunden, meist auch noch mit messerscharfen Gebissen garniert, beißen sich die armen Tiere fast in die Brust. Fixierte Schultergelenke, beinharte Hände, immer wieder den Schlaufzügel im Einsatz, das ist das Markenzeichen dieser schwachen, aber selbstherrlichen Reiter. Obendrein ziehen diese Experten dann auch noch abwechselnd links und rechts ordentlich am Zügel - das haben sie sich von irgendeinem drittklassigen Springreiter abgeschaut und halten diese Reitweise für fesch.

Sehen Sie sich jetzt einmal in einer Reitbahn um. Wieviele Hilfszügel sehen Sie, und wieviele davon sind Hilflosigkeitszügel?

Eva mit dem neugierigen Wotan. (Foto Kremser)

WIE BEWEGT SICH EIN PFERD?

9

Ein Pferd hat zwar vier Beine, das heißt aber nicht, daß alle vier die gleiche Arbeit leisten. Die geraden Vorderbeine sind vorwiegend zum Tragen, die stark gewinkelten Hinterbeine zum Schieben geeignet. Daher sagt man auch, der Motor des Pferdes liege in der Hinterhand. Durch Muskelketten wird der Schwung, der sich dort entwickelt, über den aufgewölbten Rücken an die Vorhand weitergegeben.

Je nach der Gangart hebt und senkt sich jeweils eine Seite des Pferderückens, wenn der jeweilige Muskelstrang, der neben der Wirbelsäule verläuft, sich anspannt oder entspannt. Der Pferderücken wäre bei dieser intensiven Muskeltätigkeit gerne frei und ungestört. Aber leider sitzt der Reiter oben drauf! Je nach seinem Können stört er das Pferd mehr oder weniger.

Es besteht eine direkte muskuläre Verbindung von den Hinterbeinen über die Kruppenmuskulatur, die Rückenmuskeln und das Nackenband bis hin zum Maul. Diese direkte Leitung macht es möglich, daß wir mit geringstem Kraftaufwand ein etwa 600 Kilogramm schweres Pferd mühelos dirigieren können.

Stören wir jedoch diese empfindliche Verbindung durch einen schweren passiven Sitz oder harte, klammernde Oberschenkel, dann wird aus einem fleißigen, freundlichen Pferd ein mißmutig dahinschleichendes, vielleicht auch

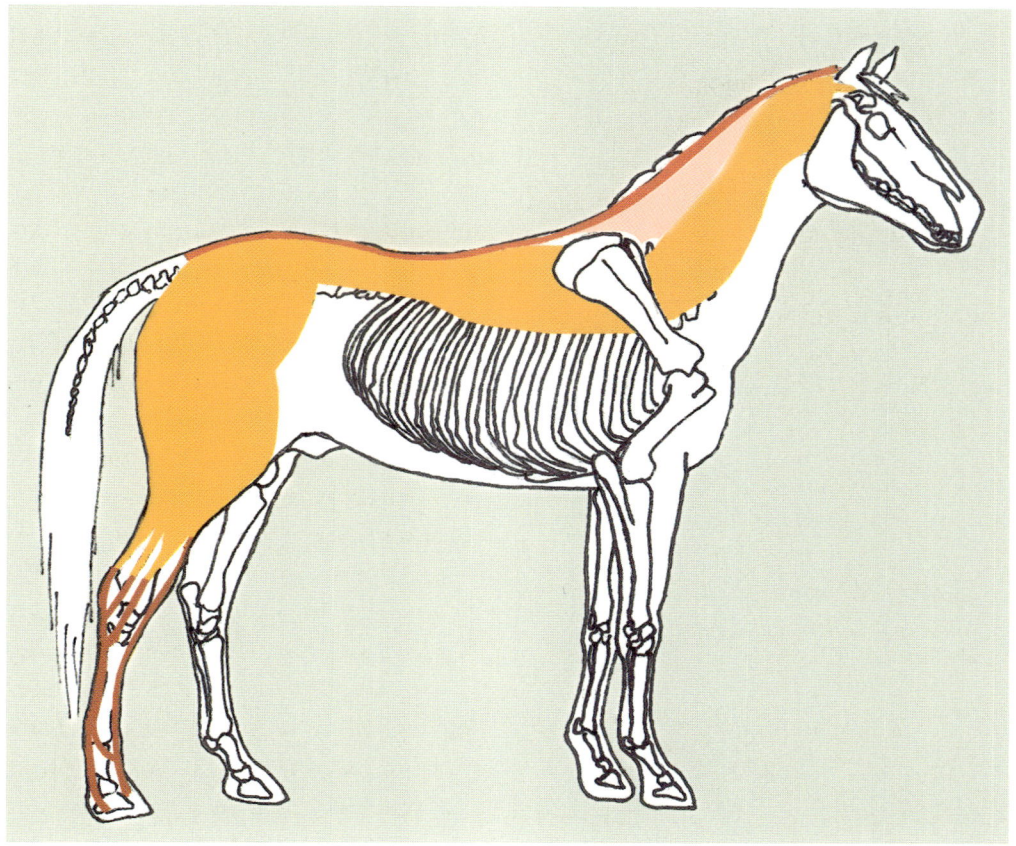

*Es besteht eine direkte muskuläre Verbindung vom
Kopf bis zu den Hinterbeinen.*

plötzlich explodierendes Widerstands-
bündel. Nicht nur die starken Rückenmuskeln des Pferdes bewegen sich taktmäßig, auch ihre Gegenspieler, die
Bauchmuskeln, arbeiten im gleichen
Rhythmus mit. Wenn ein Hinterfuß nach
vorne schwingt, dann bewegt sich auch
der Pferdebauch. Wir spüren daher nicht
nur die Hebe- und Senkbewegungen
unter unserer Sitzfläche, auch unsere
Beine fühlen ein ständiges Bauchkom-
men und -gehen. Wir müssen daher

nicht nur den Rückenmuskeln Platz
machen, sondern auch dem Bauch.
Schließlich ist unser Pferd ein Lebewesen, das unbehindert frei atmen möchte -
klammernde Reiterbeine stören dabei.

Nur aktive Hinterbeine können über
den aufgewölbten Rücken genügend
Schwung und Spannung im Pferd auf-
bauen, um es gewaltlos, freundlich, aber
ziemlich sicher unter Kontrolle zu halten. Diese Kontrolle kann nur der Sitz,
also unser Po und unsere Beine, aus-

*Wotan tritt schwungvoll mit aufgewölbtem Rücken
an der Longe. (Foto Kremser)*

üben. Die Hände sind – was der Anfänger fast nicht glauben kann – geradezu bedeutungslos.

Bei höherem Tempo wird die gesamte Rückenlinie des Pferdes flacher, und der Druck auf den Zügel wird automatisch etwas fester - besonders extrem ist das bei Rennpferden zu bemerken. In versammelten Gangarten dagegen zeigen Hals, Rücken und Kruppe eine gerundete, aufgewölbte Form. Die Hinterbeine schieben nicht mehr nur, sie tragen jetzt auch mehr Gewicht und entlasten die Vorhand, dadurch sucht sich das Pferd ganz von selbst nur noch eine weiche Anlehnung an den Zügel.

Wer ein Pferd mietet, erwartet erstens, daß dieses Tier topfit ist, und zweitens

hofft er, daß es lammfromm und dienstbeflissen jeden seiner Befehle blitzartig ausführt. Jedes Pferd kann sich aber nur so gut bewegen, wie es sein Körperbau, sein Gesundheitszustand, Sattel und Zaumzeug und vor allem aber, wie es sein Reiter zuläßt.

Pferde sind keine Maschinen. Obwohl sie unglaublich friedfertig und meist sogar willig sind, so haben sie doch auch gute und schlechte Tage. Wenn sie reden könnten, dann würden Schulpferde vermutlich ununterbrochen von ihren Krankengeschichten erzählen - kein Wunder, daß sie oft schlechte Laune haben. Sie sind die Schwerarbeiter in diesem Sport und ernten dafür den wenigsten Dank.

SCHWINGENDE HÜFTEN – O LÀ LÀ

Wir kommen nun zur eigentlichen Reitbewegung des Beckens, dem ständigen **Mitschwingen** mit der Pferdebewegung. Es handelt sich dabei um zwei völlig unterschiedliche Bewegungen, die zu einem Bewegungsablauf verschmelzen:

• das Hüftgelenk-rundum-Lösen
• die Beckenschaukel

Ganzheitlich können nur Kinder und Jugendliche diese Bewegungskombination erfassen. Wer als Erwachsener reiten lernt, muß ununterbrochen kontrollieren, ob er nicht einen Bewegungsteil vernachlässigt. Wenn es die Situation erfordert, werden wir manchmal auch einen Teil vermehrt einsetzen, beispielsweise die Beckenschaukel zum Treiben.

Der Reitlehrer kann beim Korrigieren der Mitschwingbewegung nicht sehr behilflich sein, denn er kann die kleinen Blockaden, die der Reiter setzt, wenn er einen Bewegungsteil vernachlässigt, nicht immer eindeutig erkennen. Zu sehen ist nur: Das Pferd schwingt nicht mehr entspannt über den Rücken. Es geht entweder nicht mehr vorwärts, läuft davon oder zeigt auf andere Art seinen Unmut an.

So wie das Schultergelenk ist auch das Hüftgelenk ein Kugelgelenk. Es ist aber viel größer, stärker und ebenfalls von Muskeln, Sehnen und Bändern annähernd sternförmig umgeben. Um gut zu reiten, brauchen wir nicht nur eine weiche Hand, sondern auch einen

Das Rundum-Lösen hat sich beim Schultergelenk bestens bewährt, also werden wir diese Methode auch beim Hüftgelenk anwenden.

Anfangs brauchen wir dazu noch etwas mehr Bewegungsfreiheit, daher trainieren wir zuerst einmal stehend, dann sitzend. Am Ball läßt sich diese Übung ausgezeichnet durchführen,und zwar viel besser als auf einem Sessel.

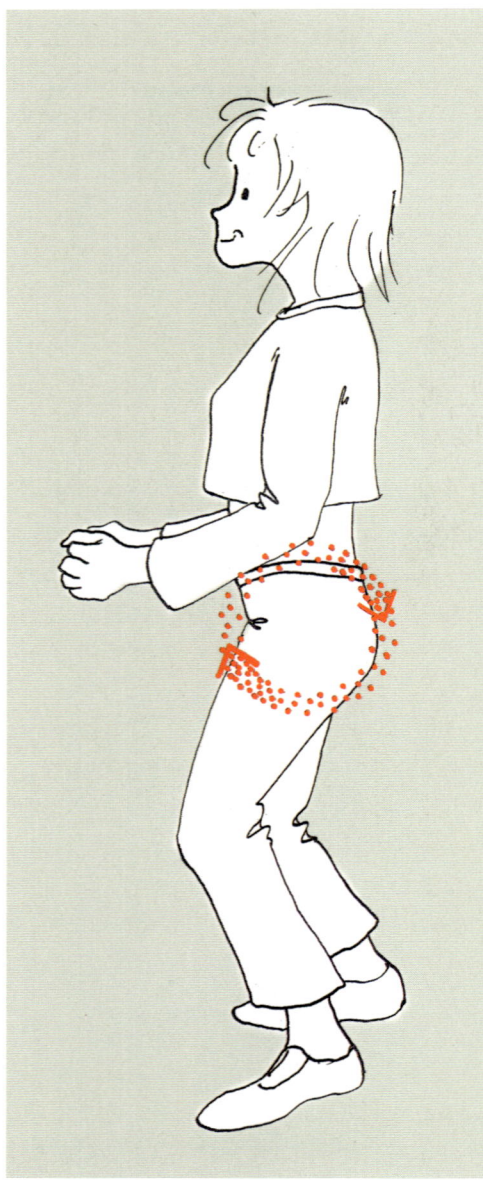

Ü 10a:
Hüftgelenk-rundum-Lösen

Ü 10 a: Hüftgelenk-rundum-Lösen Stehend: Stellen Sie sich etwas breitbeinig hin, leichte Grätsche mit sehr lockeren Knien - das wäre etwa die Haltung eines Seemanns bei starkem Sturm. Bleiben Sie in der Wirbelsäule korrekt aufgerichtet, Schultergürtel und Kopf im Gleichgewicht.

Stellen Sie sich vor, seitlich an Ihrer Hüfte wäre nun ebenfalls eine große Uhr montiert.

Denken Sie sich an den Ansatzbereich Ihres Oberschenkels und beginnen Sie Ihr Hüftgelenk rückwärts kreisend zu lösen. Arbeiten Sie sich bewußt Muskelstrang für Muskelstrang „rund um die Uhr".

Dieses schwingende Lösen ist völlig identisch mit dem Kreisen im Schultergelenk, nur wird sich die Sache im Hüftgelenk insofern als schwieriger erweisen, als hier in diesem Bereich wesentlich mehr und auch straffere Muskulatur vorhanden ist. Schließlich

ganz weichen Po und anschmiegsame Beine: das ist nur bei ständigem Lösen des Hüftgelenks möglich.

Judith schwingt perfekt mit der Pferdebewegung mit,
Wotan fühlt sich sichtlich wohl. (Foto Jarc)

ist das Hüftgelenk unser größtes und stärkstes Gelenk.

Am Ball: Setzen Sie sich in korrekter Aufrichtung auf den Ball - Schultergürtel und Kopf im Gleichgewicht - und trainieren Sie die lösenden Hüftschwünge wie oben. Wenn Sie sich mit dieser Übung bereits angefreundet haben, dann trainieren Sie auch **einseitig**. Sie werden feststellen, daß Sie, wenn Sie Rechtshänder sind, mit der linken Hüfte wahrscheinlich wesentlich ungeschickter sind. Machen Sie das durch mehr Übung wett. Eva arbeitet auch hier gerne mit der Vorstellung, daß im Gelenk eine Kugel kreist. Das Mitschwingen mit der Pferdebewe-

abgezwickt, abgeklemmt und abgewürgt wird. Das erwünschte, scheinbar ruhige Bein ist, wie die ruhige Hand, wieder nur eine Folge des Locker-Schwingens, des Mitgehens mit der Pferdebewegung. Wird hingegen das Knie fixiert, das Bein an den Pferdebauch gepreßt und krampfhaft unbeweglich gehalten und dazu die Ferse hochgezogen oder der Absatz verbissen durchgedrückt, dann ist das kein ruhiges, sondern ein starres „totes" Bein, und damit kann man nicht reiten.

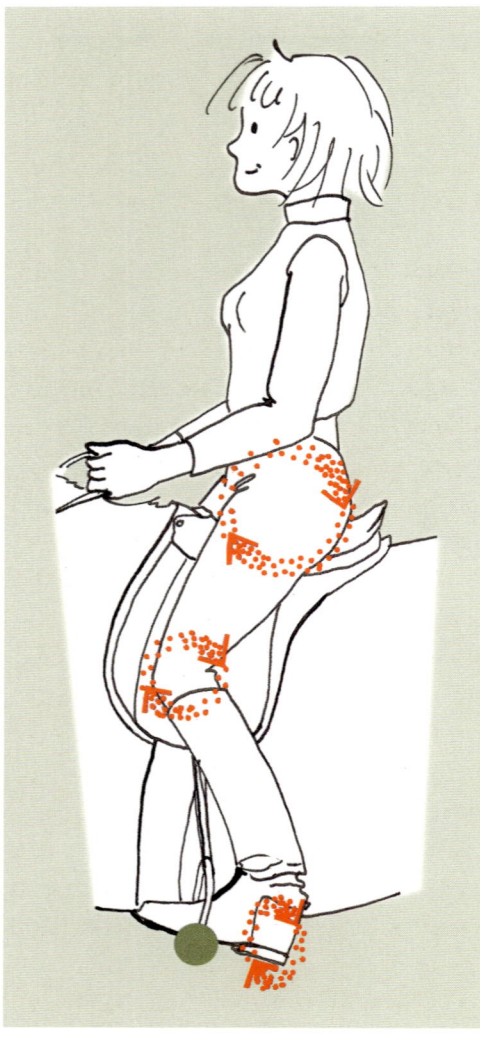

Ü 10b: Ausschwingen im Kniegelenk, Ausschwingen im Sprunggelenk, Ausfedern der Ballen

gung vollzieht sich primär im Hüftgelenk. Von dort aus setzt sich diese Bewegung in den lockeren Knien, den lockeren Fußgelenken und den Ballen, die im Steigbügel abfedern, fort. Alle diese Gelenke können nur mitmachen, wenn der Takt im Hüftgelenk nicht

Ü 10 b:

Ausschwingen im Kniegelenk

Lassen Sie die Schwungbewegung, die vom Hüftgelenk kommt, durch Ihr Kniegelenk durchschwingen - natürlich in einem wesentlich verkleinerten, schwächeren Schwung. Sie brauchen nicht mehr aktiv zu werden - lassen Sie einfach geschehen.

Ausschwingen und Ausfedern im Sprunggelenk

Die Bewegung beginnt bereits auszuklingen, die Fersen sinken in den Restbewegungen rhythmisch ab.

Zuletzt **Ausfedern der Ballen im Steigbügel**

Natürlich läßt sich das Abfedern am Ball nicht wirklich üben. Es genügt aber schon, gefühlsmäßig die Bewegung durch diese Gelenke durchzulassen und sie nicht einfach starr und steif zu halten.

Der schnelle Pferdetakt und die starken Basisbewegungen sind eine enorme Belastung für den Anfänger. Dieses andauernde langweilige Lösungsprogramm, das beim Reiten nun ständig ablaufen muß, gerät natürlich immer wieder durcheinander und macht auch nicht wirklich Spaß. Reiten sollte Spaß machen! Das wird es später auch, aber nur dann, wenn wir uns durch diese entscheidende Lockerungsphase durchkämpfen und sie nicht einfach beiseite schieben.

Kein spätberufener Reiter – und dazu gehört auch schon der Jugendliche nach der Pubertät – kann diese verflixte Automatik des Sich-Verspannens im Hüftgelenk gänzlich ausschalten.

Der Anfänger muß daher am Beginn seiner Reiterkarriere ganz bewußt und aktiv bei nahezu jeder Pferdebewegung taktmäßig lösen, und erst ganz allmählich wird die Automatik des Sich-Verspannens von der Automatik des unbewußt wohligen Entspannens überdeckt werden können.

Es ist nicht gerade aufbauend, wenn man erkennt, daß man anfangs gar keine Zeit hat, das Reiten zu genießen, weil man ununterbrochen nur damit beschäftigt ist, seine Schließ- und Klammerreflexe an den Beinen zu überlisten. Man ist umso mehr frustriert, wenn man zu entdecken glaubt, daß Kinder und Jugendliche beziehungsweise Erwachsene, die seit ihrer Kindheit ständig reiten,

dieses Problem scheinbar nicht haben. Dieser Eindruck täuscht. Schauen Sie sich einmal in der Reitbahn genauer um! Wieviel gelöste, mitschwingende Oberschenkel, wieviel lockere Knie, wieviel sanft federnde Fersen sehen Sie, und wieviel mehr oder minder angepreßte Oberschenkel mit blockierten Hüften können Sie erkennen? Wieviel steife, festgehaltene jugendliche Schultern können Sie zählen? Warum reiten auch sogenannte Fortgeschrittene immer wieder ohne Steigbügel? Warum wackeln auch scheinbar gute Reiter mit den Köpfen? Wahr ist und bleibt: Auch jeder fortgeschrittene Reiter schleppt sein Klammeräffchen mit sich herum - nur sehr geschickte Kinder und Vollprofis, die Tag und Nacht am Pferd sitzen, bleiben von dieser Plage am ehesten verschont.

Lassen Sie sich nicht unterkriegen und geben Sie nicht auf! Vor allem brauchen Sie ein geeignetes, ruhiges Pferd, dem Sie vertrauen und auf dem Sie sich völlig entspannen können, und überlassen Sie übermütig buckelnde Pferde dem Jungvolk. Natürlich gehört zum Reiten auch das Herunterfallen, aber man soll es nicht übertreiben. Noch fehlt Ihnen das nötige Können, um auch problematische Pferde gefahrlos reiten zu können.

Bleiben Sie nicht nur in der Reitbahn, sondern reiten Sie, wenn Sie die nötigen Basiskenntnisse erworben haben, auch aus – am besten in Begleitung eines erfahrenen Reiters mit einem ruhigen Pferd. Wichtig:

Plaudern Sie, aber absolvieren Sie dabei auch im Gelände ständig Ihr Lockerungsprogramm, und zwar in jeder Gangart.

Vermeiden Sie vorläufig Massenausritte, dabei regen sich die Pferde unnötig auf und Sie verspannen sich dann, anstatt sich zu entspannen. Bevorzugen Sie anfangs Schritt am hingegebenen Zügel, aber halten Sie sich dabei vorsichtshalber mit einer Hand vorne am Sattel fest. Obwohl die Jäger im vorigen Herbst ununterbrochen unterwegs waren – alle Hasen und Fasane haben sie, Gott sei Dank, doch nicht erwischt, und selbst das lammfrommste Pferd kann einen unvermuteten Sprung machen, wenn ein solcher Genosse jetzt plötzlich aus dem tiefen Gras aufspringt.

IM BAUCH, DA IST WAS LOS!

Pferde mit sehr wenig Rückenbewegung sind selten. Im allgemeinen brauchen wir schon allein zum Mitschwingen, und erst recht, wenn wir vom Pferd etwas fordern, mehr Verständigungsmöglichkeiten als nur das Hüftgelenk-Lösen. Mit Hilfe der Bauchmuskeln werden wir uns nun zusätzlich mit unserem Pferd verständigen - wir werden Bauchredner.

Das Becken ist mit der Wirbelsäule fix verbunden, kann aber wie eine Schaukel vor und zurückschwingen. Die Bauchmuskulatur steuert diese Schwingbewegungen. Hinterlistigerweise ist es die unterste Bauchregion, die wir beim Reiten einsetzen müssen. Auch wenn Sie sonst recht sportlich sein mögen, dort sind Sie wahrscheinlich ziemlich unbeweglich.

Die wichtigste Aufgabe der Bauchdecke ist es, die Eingeweide zu halten und zu schützen. Die gerade Bauchmuskulatur ist - vermutlich aus diesen Gründen - in waagrechte Teilbereiche von etwa 15 Zentimetern unterteilt.

Bei den herkömmlichen Turnübungen werden meistens nur die oberen Teilbereiche trainiert, das unterste Segment macht dabei so gut wie nie mit. Gerade diesen Teil brauchen wir aber zum Reiten, denn mit dessen Hilfe können wir das Becken kippen und so den Rhythmus der Pferdebewegung mittanzen. Das bedeutet, dieser Teil des Bauches muß auftrainiert werden!

Schrittphase: Rechtes Hinterbein ist am Boden, als nächstes wird das rechte Vorderbein auffußen. Judith auf Wotan. (Foto Sogl)

Die schräge Bauchmuskulatur, die wir auch im Alltag bei Drehbewegungen einsetzen, werden wir vorwiegend zum Reiten von Wendungen benützen.

Die Auf- und Ab-Schwingbewegung des Beckens nennt man in der Ismakogie Beckenschaukel.

Die Schwierigkeit dieser Übung liegt darin, daß man anfangs den untersten Teil des Bauches nicht „anstarten” kann. Von *Horatschek* stammt ein guter Tip, wie es doch gelingen könnte.

Ü 11: Beckenschaukel

Stehend: Nehmen Sie wieder die Seemannsposition ein, also leicht gegrätschte Beine und ganz lockere Knie. Bleiben Sie in der Wirbelsäule korrekt aufgerichtet, Schultergürtel und Kopf im Gleichgewicht.

Stellen Sie sich vor, sie möchten den Zipp einer Hose zumachen. Leider klemmt dieser verflixte Zipp schon im alleruntersten Teil. Was können Sie tun? Unwillkürlich werden Sie jetzt den untersten Teil des Bauches anspannen

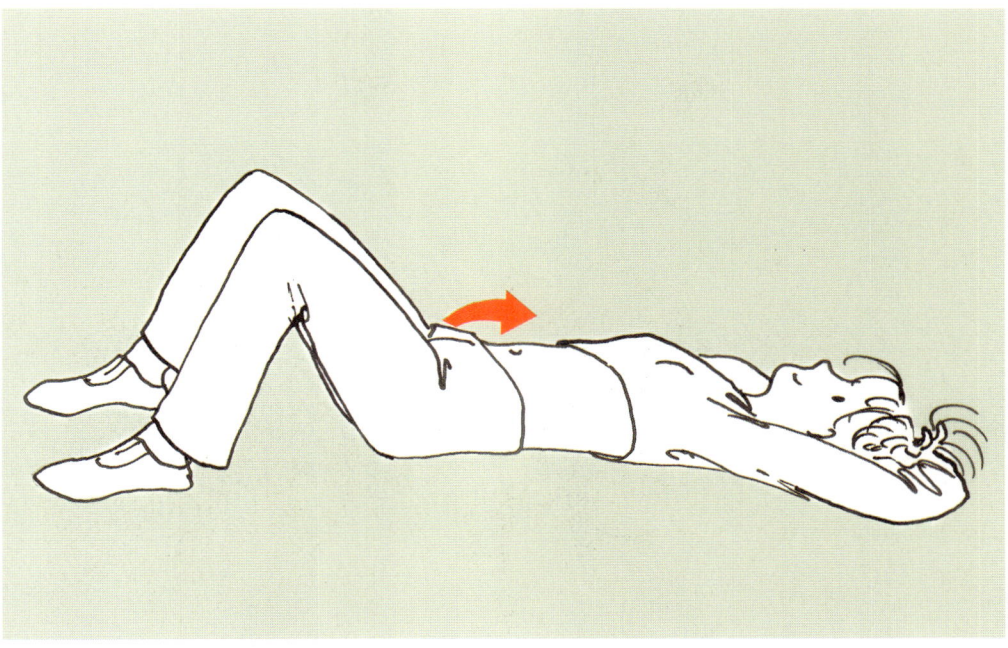

Ü 11: Beckenschaukel liegend.

und dabei natürlich auch das Becken kippen, um den Zipp doch noch zu bändigen. Danach entspannen Sie den Bauch und das Becken pendelt wieder in seine ursprüngliche Lage zurück.

Wenn Sie sich mit dem Rücken an eine Wand stellen und dort die Beckenschaukel üben, dann spüren Sie deutlich, wie sich die Wirbelsäule durch das Kippen des Beckens begradigt.

Die Beckenschaukel ist, stehend geübt, leider nicht sehr salonfähig. Trainieren Sie daher am besten im stillen Kämmerlein.

Liegend: Auf dem Rücken liegend, mit gegrätschten, leicht aufgestellten Beinen, läßt sich der Kampf mit dem Zippverschluß ebenfalls aufnehmen. Achten Sie darauf, daß nur das Becken schwingt und die Wirbelsäule dabei möglichst am Boden bleibt. Schieben Sie Ihre Hände unter den Po und kontrollieren Sie, ob Ihr Gesäß bei dieser Übung auch locker bleibt.

Am Ball: Setzen Sie sich in korrekter Aufrichtung auf den Ball - Schultergürtel und Kopf im Gleichgewicht - und nehmen Sie wie oben den Kampf mit dem Zippverschluß auf.

Gelingt die Übung schon einigermaßen, dann trainieren Sie einseitig, und Sie werden auch dabei feststellen, daß Sie eine geschickte und eine ungeschickte Seite haben.

Trabphase: Linkes Hinterbein und rechtes Vorderbein befinden sich am Boden. Nach einer kurzen Schwebephase wird das andere diagonale Beinpaar auffußen. Judith auf Wotan. (Foto Jarc)

Der Ausdruck Schaukel kann irreführend sein, weil man dabei unwillkürlich an ein gleichmäßiges Auspendeln nach beiden Seiten denkt. Sie sollen aber nur nach vorne hoch und dann wieder in die Ausgangsstellung zurückschwingen. Nach hinten zu kommen Sie in die ungesunde Endstellung des Wirbelgelenks: ins Hohlkreuz.

Die Beckenschaukel gilt auch in der Ismakogie als besonders gesund. Die Wirbelsäule wird durch die massageartigen Pumpbewegungen unglaublich aktiviert. Auch die Eingeweide werden mobilisiert und Verdauungsprobleme verringern sich. Die Rückenmuskulatur, das Stützkorsett für die Wirbelsäule, wird gestärkt und die Verspannungen, die nach stundenlanger einseitiger Arbeit auftauchen, verschwinden wieder.

Nun kommen wir zum **Mitschwingen** mit der Pferdebewegung, das ist die Kombination:

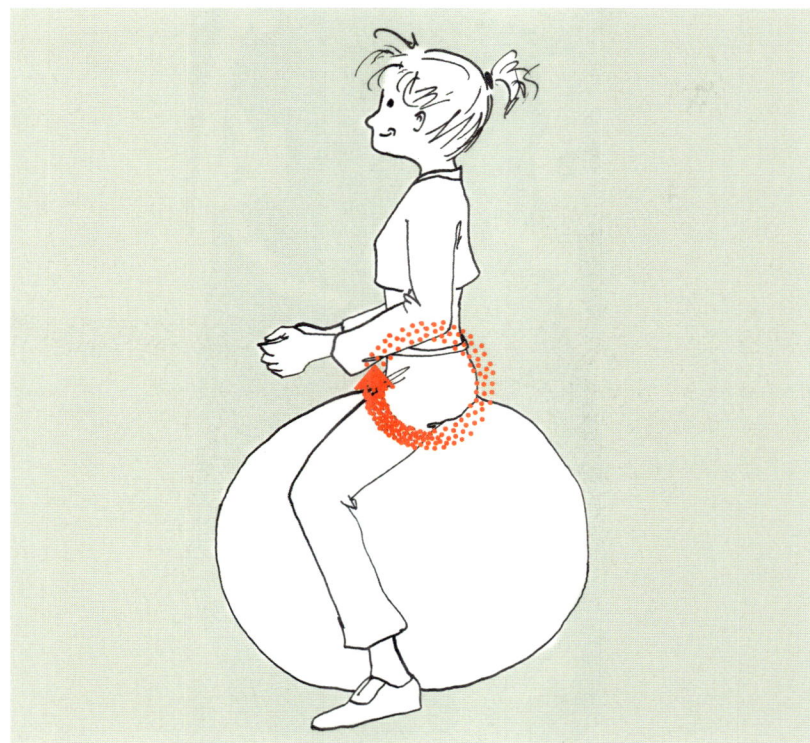

*Ü 12: Hüftgelenk-
rundum-Lösen und
Beckenschaukel*

Ü 12: Hüftgelenk-rundum-Lösen und Beckenschaukel

Stehend: Nehmen Sie wieder die Seemannsposition ein, also leicht gegrätschte Beine und ganz lockere Knie. Bleiben
Sie in der Wirbelsäule korrekt aufgerichtet, Schultergürtel und Kopf im Gleichgewicht.

Wenn Sie im gleichen Takt das krei-
sende Hüftgelenk-rundum-Lösen mit der
Beckenschaukel verbinden, denn ergibt
das gleichmäßige **Schwingkreise** - die
Reitbewegung, mit der wir, wenn wir
vom Pferd nichts Besonderes fordern,
auf geraden Linien unterwegs sind.

Am Ball: Hier lassen sich die Schwingkreise so perfekt üben, daß Sie vom
Gefühl her fast glauben werden, auf
einem Pferd zu sitzen.

Es ist wichtig, daß Sie alles, was wir
bisher erarbeitet haben, beibehalten und
sich jetzt nicht plötzlich irgendwo verspannen.

Kontrollieren Sie sich immer wieder,
indem Sie während des Schwingens die
Hände unter Ihren Po schieben.

Trainieren Sie jetzt auch einseitig,
denn in allen Gangarten wird einseitig
geschwungen.

Auf diese Schwingkreise reagiert jedes Pferd äußerst positiv, wird ruhig und gelassen und beginnt über den Rücken zu gehen. Es ist auch nicht gleich beleidigt, wenn der Reiter irrtümlich ein bißchen zuviel Schwung erwischt hat. Das Schwingen und Kreisen werden wir auch in allen anderen Reitbewegungen vorfinden, die Form des Kreises wird sich allerdings ein wenig verändern, so wird beispielsweise beim Reiten auf gebogenen Linien aus dem Kreis eine Ellipse.

Reiten und Tanzen haben vieles gemeinsam. Je näher der Körperkontakt bei gemeinsamer Bewegung, desto mehr sollen die Bewegungen aufeinander abgestimmt sein. Hat ein Partner keine Ahnung von der Schrittfolge, dann wird Tanzen für den anderen zur Qual. Der Partner muß wissen und fühlen, was kommt, nur so erzielt man Harmonie. Wer jeder Bewegung hinterher zappelt, behindert den Partner und läßt keinen Gleichklang aufkommen.

Genauso ist es auch beim Reiten. Der Reiter muß die Rückenbewegungen seines Pferdes in jeder Gangart genau kennen und erfühlen, nur dadurch kann er jeder Bewegung seines Pferdes einen Hauch voraus sein.

Wir beschäftigen uns vorläufig nur mit den beiden Gangarten Schritt und Trab. Den Galopp lassen wir absichtlich noch beiseite, weil wir dazu eine Art Drehbewegung benötigen, die wir uns erst erarbeiten müssen.

Ü 13: Gangarten

Am Ball: Sitzen Sie in korrekter Aufrichtung - Schultergürtel und Kopf im Gleichgewicht - und kombinieren Sie das Hüftgelenk-rundum-Lösen mit der Beckenschaukel zu Schwingkreisen wie oben beschrieben.

Der **Schritt** ist eine schreitende Gangart, in der beide Beine der gleichen Seite hintereinander abfußen: links hinten, links vorne, dann rechts hinten, rechts vorne.
Üben Sie daher: zweimal links und zweimal rechts in langsamer Folge.

Im **Trab** bewegen sich die diagonalen Beinpaare gleichzeitig. Also gleichzeitig vorne links und hinten rechts und dann vorne rechts und hinten links.

Üben Sie daher einmal links und einmal rechts in ziemlich schneller Folge.

POPO LIGHT
-MIT SITZEN HAT DAS WENIG ZU TUN

Schon Xenophon hatte Schwierigkeiten, den Sitz am Pferd zu beschreiben. Er zog sich mit der Definition *„Eine Art Stehen mit gebeugten Beinen"* aus der Affäre.

Der Mensch nimmt, wenn er sich hinsetzt, auf seinen Sitzknochen, auch Sitzknorpel genannt, Platz. Das ist eine schlittenähnliche Konstruktion, bei der die Kufen hinten offen und breit und nach vorne hoch und spitz zulaufen, wo sie das Schambein bilden. Ein wesentlicher Unterschied zum Schlitten: Unsere menschlichen Kufen haben keine gerade verlaufenden Unterflächen, sondern sind durchgehend leicht gerundet. Beim aufrechten Sitzen wippen wir auf diesen Kufen immer ein wenig nach vor und zurück, und mit Muskelkraft balancieren wir dabei unseren Oberkörper aus. Um uns diese Arbeit zu erleichtern, schätzen wir einen zusätzlichen Halt, die Sessellehne.

Am Pferd müssen wir auf jede Art von Sitzkomfort verzichten: keine Lehne, keine ruhige Sitzfläche und obendrein noch eine ganz kleine Unterstützungsfläche. Warum diese Sitzfläche gar so klein ist, erklärt ein Grundsatz aus der Mathematik: „Wenn sich zwei Kurven berühren, dann reduziert sich ihre Berührungsfläche auf einen Punkt."

Wenn ein Pferd bereits gelöst ist und mit korrekt aufgewölbtem Rücken schwungvoll vorwärts geht, dann bedeutet das, es treffen die leicht gerundeten

„Au weh!"
Angelika spürt
plötzlich ihre
Sitzknochen.
(Foto Sogl)

Sitzkufen des Menschen und die nach oben gebogene Wirbelsäule des Pferdes aufeinander. Somit ergibt sich als Berührungsfläche – etwas überspitzt ausgedrückt – ein Punkt.

Genau diesen Punkt gilt es jetzt zu finden und zu erfühlen. Er wird der Knackpunkt Ihres Reitkönnens werden! Ein Sattel täuscht uns optisch.

Er gibt vor, uns stünde eine breite Sitzfläche zur Verfügung, und das ist schlichtweg falsch. Ein englischer Sattel kann den Pferderücken kaum schützen, denn die Auflagefläche läßt sich nur wenig vergrößern und unsere Sitzknochen sind dem Pferderücken gefährlich nahe.

Was nun folgt, ist nicht wirklich als trainierbare Übung aufzufassen, aber probieren Sie Übung 14 unbedingt einmal aus. Sie werden überrascht sein, was Sie fühlen.

Ü 14: Sitzknochen erfühlen

Am Sessel: Wir brauchen jetzt - so komisch es auch klingen mag - eine in fast jedem Haushalt vorrätige Küchenhilfe: einen Nudelwalker.

Ein solches Rundholz, etwa 10 Zentimeter im Durchmesser und etwa 50 Zentimeter lang, dient zum Ausrollen von Teig. Dieses Rundholz legen wir auf einen möglichst harten Sessel und nehmen dann darauf Platz.

Der Unterschied zu früher: Wir sitzen auf brutal verkleinerter Sitzfläche. Die Gesäßmuskeln können jetzt nur wenig kaschieren, wir spüren deutlich unsere Sitzknochen. So deutlich wie wir sie spüren, spürt sie auch das Pferd!

Je kleiner die Unterstützungsfläche, desto mehr Druck entsteht auf diesen wenigen Quadratzentimetern.

Ein guter Reiter verwandelt diesen Gewichtsdruck in ein Vorwärtsschwingen.

Ein schlechter Reiter läßt sein Gewicht schwer und dumpf auf den Pferderücken fallen und bohrt dem Pferd seine Sitzknochen in den Rücken.

Das erklärt, warum oft ein zartes Pferdchen mit einem wohlgenährten, aber guten Reiter recht zufrieden wirken kann, während ein großes, kräftiges Pferd mit einem fliegengewichtigen Reiter den Rücken verspannt und sehr unglücklich dreinschaut. Wie schwierig es ist, am Pferd immer die ideale Mittel-

position auf unseren Kufen zu finden und auch zu halten, zeigen die zwei falschen Sitzformen, denen man überall begegnen kann:

Rollt man auf den Kufen zu weit nach vorne, dann führt das zum **Spaltsitz.** Statt auf dem Gesäß sitzt man auf den Oberschenkeln und belastet vermehrt die ohnedies überlastete Vorhand des Pferdes.

Rollt man auf den Kufen zu weit nach hinten, dann erzielt man den **Stuhlsitz.** Dabei belastet man nicht nur die empfindliche Nierenpartie des Pferdes, man bringt sich selbst in eine sehr unsichere, einwirkungslose Position (nach *Dietze*).

Natürlich ist für den Sitz auch der **Sattel** von allergrößter Bedeutung. Erstens muß er dem Pferd passen, das heißt, die Bewegungsfreiheit des Pferderückens und der Schulter darf nicht im geringsten eingeschränkt sein.

Zweitens soll der Reiter in der Lage sein, die ideale Mittelposition einnehmen zu können.

Die früheren Militärsättel, die jedem Pferd und jedem Reiter passen mußten, milderten durch ihren hohen Aufbau und die langen Kufen den eventuell entstehenden Druck auf den Pferderücken und schützten speziell die Wirbelsäule. Auch bei den heutigen Westernsätteln trifft das in gewissem Maße zu.

Der schlechte Reiter wird vom Pferd nicht als sehr schmerzhaft empfunden, der gute Reiter kann aber bei einem solchen Sattel keinen feinen Kontakt zum

Westernsättel verteilen durch ihre große Auflagefläche das Gewicht des Reiters auf den Pferderücken. Lampas (Foto Jarc)

Pferderücken bekommen. Sitze ich auf einem normalen englischen Sattel, dann können meine Sitzknochen viel Schaden anrichten, also muß ich sie ständig unter Kontrolle behalten – das ist **Popo light.** Es ist der ständige Versuch, nicht dumpf, schwer und unbeweglich auf das Pferd zu drücken, sondern beschwingt und leicht vorwärts zu schwingen.

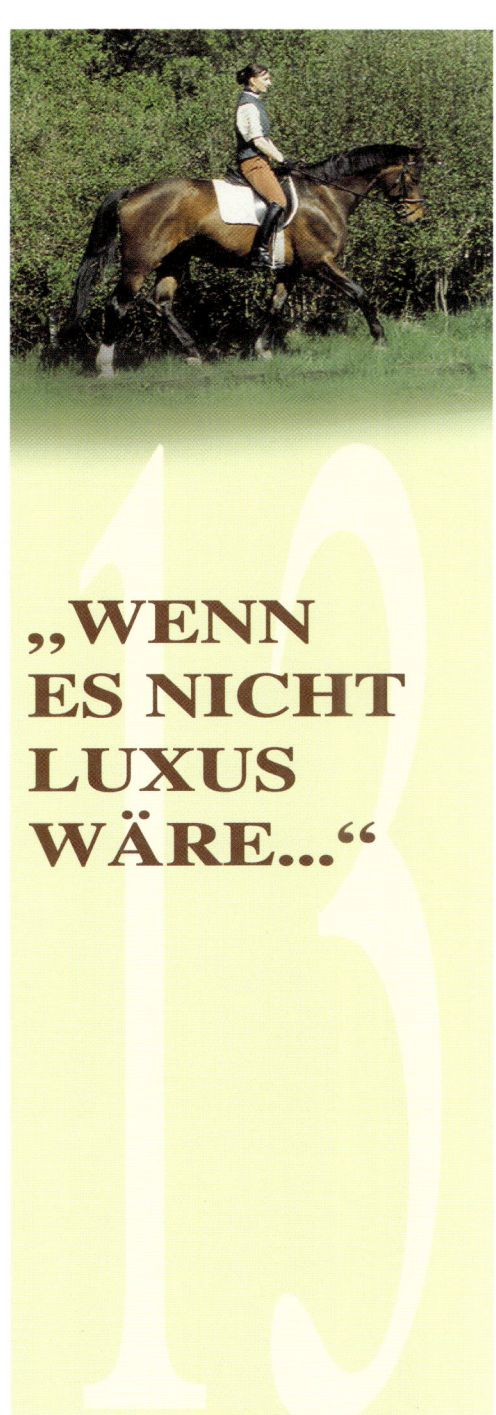

„WENN ES NICHT LUXUS WÄRE..."

*„Jedes Pferd, welches eine natürliche Anlage zum Rückengang, einen natürlich schwunghaften Gang hat, könnte nach unserer Ansicht, wenn es nicht Luxus wäre, von einem guten Reiter **nur durch Sitzhilfen** ausgebildet und in Versammlung gebracht werden."*

Dieser Ausspruch von *Otto de la Croix* zeigt uns, daß ein begabter menschlicher Po offensichtlich noch viel mehr zustande bringen kann, als nur locker mit der Pferdebewegung mitzuschwingen. Eine der Grundforderungen der klassischen Reitkunst lautet: Reite Dein Pferd **vorwärts!** Wenn grundsätzlich jede Lektion nur durch Sitzhilfen erreicht werden kann, dann muß auch dieser eindeutige Marschbefehl seinen Ursprung im Sitz haben.

Vorwärts ist eine Aufforderung, die an keine bestimmte Gangart gebunden ist, sondern nur an die Hinterbeine des Pferdes adressiert ist und von diesen ein verstärktes Vortreten und, in gewissem Sinn, auch schon Tragen verlangt. Freiwillig bietet ein Pferd eine solche gymnastische Mehrarbeit nicht an. Deshalb sagt man auch von einem Reiter, der nur gefällig mitschwingend, aber einwirkungslos am Pferd sitzt: „Er stirbt in Schönheit!". Damit uns das nicht passiert, wollen wir lieber lernen, vorwärts zu reiten.

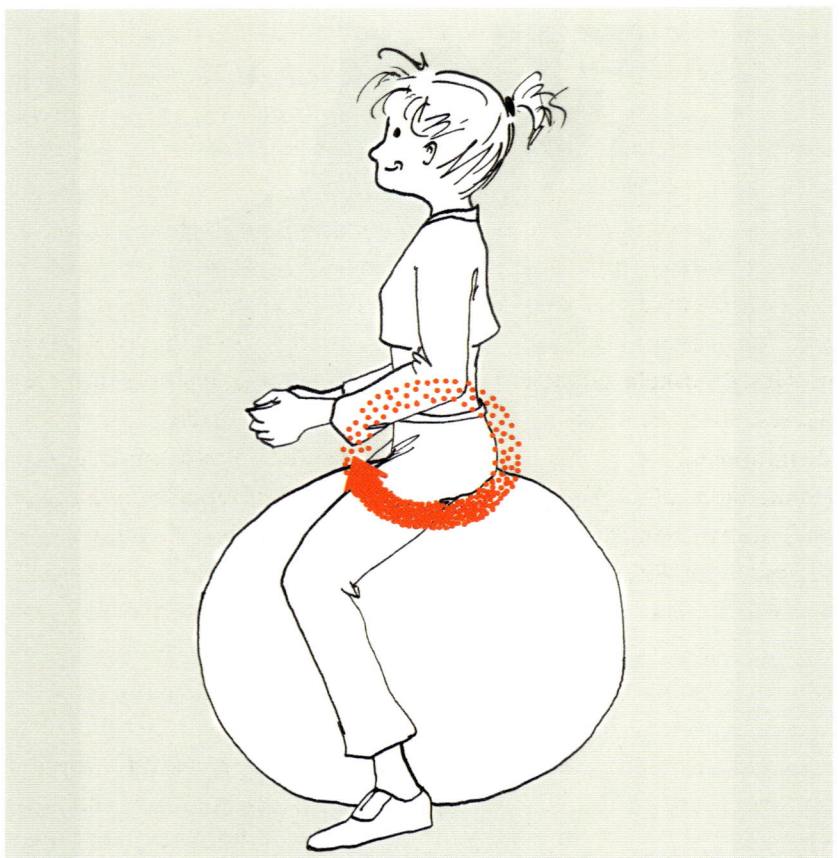

Ü 15:
Vorwärts-Reiten
mit dem Sitz.

Ü 15:
Vorwärts-Reiten mit dem Sitz

Stehend und am Ball: Richten Sie sich korrekt auf, Schultergürtel und Kopf im Gleichgewicht.

Schwingen Sie im Schritt oder im Trab. Nun vergrößern Sie gedanklich diese Kreise und verstärken Sie die Beckenschaukel.

Zugleich betonen Sie den unteren Teil der Schwingbewegung durch einen deutlichen Impuls nach vorne.

Gelingt es Ihnen, dabei alle Gesäß- und Oberschenkelmuskeln völlig locker zu lassen, dann reagiert ein sensibles, gut gerittenes Pferd bereits auf dieses Kommando. In der Fachsprache verwendet man dafür die ziemlich verwirrende Bezeichnung „Kreuz anziehen". Die Rückenmuskulatur ist zwar als Gegenspieler zur Bauchmuskulatur im Einsatz, aber tatsächlich bewirkt die besonders aktive Beckenschaukel, also die Bauchmuskulatur, das Vorwärts; daher ist dieses Kommandowort etwas unglücklich gewählt (nach *Schusdziarra*).

Immer dann, wenn einem Reitschüler eine Lektion nicht gelingen will, versucht er, durch Ersatzhandlungen das Ziel doch noch zu erreichen, und das Wort Kreuz verführt einfach dazu, hinten irgendetwas anzuspannen. Das sind mit Vorliebe die Gesäßmuskeln und die an der Rückseite des Oberschenkels verlaufenden Muskelgruppen.

Lautet das Kommando „Schiebe mit dem Kreuz an" dann kommt zum Mißverständnis mit dem Kreuz auch noch der Versuch dazu, mit Kraft zu arbeiten. Von der Kraft zum Gewicht ist es nur eine Haaresbreite und prompt bohrt unser Reitschüler dem Pferd die Sitzknochen in den Rücken und wundert sich darüber, daß das Pferd dann überhaupt nicht mehr geht.

Da aber nicht alle Pferde hochsensibel sind, verwenden wir gerne auch noch eine zusätzliche Hilfe, um vorwärts zu kommen: die Schenkelhilfen.

„Die Schenkelhilfen sind, kurz gesagt, niemals Haupthilfen, sondern sind lediglich als unterstützende anzusehen. Sie müssen aus dem richtigen Sitz hervorgehen, ihm sich anpassen und unterordnen, mit dem Bewußtsein erteilt werden, daß sie für sich allein, ohne richtige Ausnutzung durch den Sitz geradezu wertlos sind."

Wie recht *de la Croix* mit diesem Ausspruch hat, zeigt sich in jeder Reitbahn. Nicht nur Anfänger, sondern auch sogenannte fortgeschrittene Reiter bearbeiten die Bäuche ihrer Pferde höchst unfein mit den Absätzen - puffend und klopfend versuchen sie das Vorwärts zu erzwingen. Ziemlich erfolglos, denn trotz beziehungsweise gerade wegen dieser Trommlerei schleichen ihre Pferde besonders lustlos dahin.

Das Hüftgelenk kann unser ganzes Bein nach außen drehen, das Kniegelenk ist mehr für den Unterschenkel zuständig. Spezielle Muskeln, die eine Verbindung zwischen Becken und Knie herstellen – *Schusdziarra* nennt sie Reitmuskeln – ermöglichen es uns, daß wir durch eine geringe Außenrotation, das ist eine kleine Knie- und Hüftgelenksbewegung, die Wade ans Pferd herandrehen und dabei den Oberschenkel überspringen.

Wenn wir mit Hilfe dieser Muskeln dann auch noch das Knie etwas beugen und durch die tief absinkende Ferse den Wadenmuskel, der an der Hinterseite des Unterschenkels verläuft, anspannen, dann ergibt das ein perfekt treibendes Bein.

Wie freunden wir uns nun mit dieser geringfügigen Außenrotation an, die keinerlei turnerische Übung sein darf? Versuchen wir es wieder mit der Ismakogie.

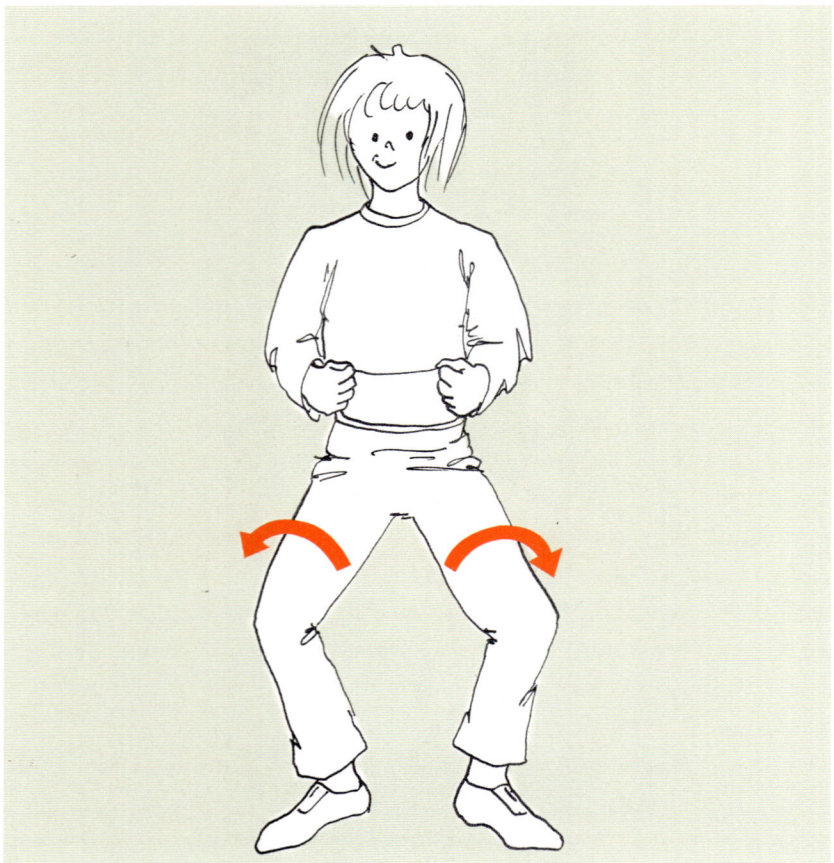

Ü 16:
Säulendrehen.

Ü 16: Säulendrehen

(nach *Horatschek*):
Zuerst stehend und dann am Ball: Leicht gegrätschte Beine, lockere Knie. Stellen Sie sich vor, Ihre Füße wären Säulen, die Sie von innen nach außen ein wenig drehen möchten. „Verschieben" Sie dazu aber nur die Haut und ein wenig Muskulatur darunter, aber drehen Sie dabei nicht die Knie nach außen.

Wenn wir uns mit dem leichten Dreh-Gefühl vertraut gemacht haben, dann kombinieren wir den treibenden Sitz mit den treibenden Schenkeln. Nur dieser von hinten kommende Unterschenkel, der sich an den Pferdebauch heran massiert, so als wollte er ihn leicht drehend nach vorne mitnehmen, ist eine wirkliche Hilfe. Der seitlich ausholende klopfende Fuß ist schlichtweg Unfug und erzeugt beim Pferd nur Schmerz und Unwillen.

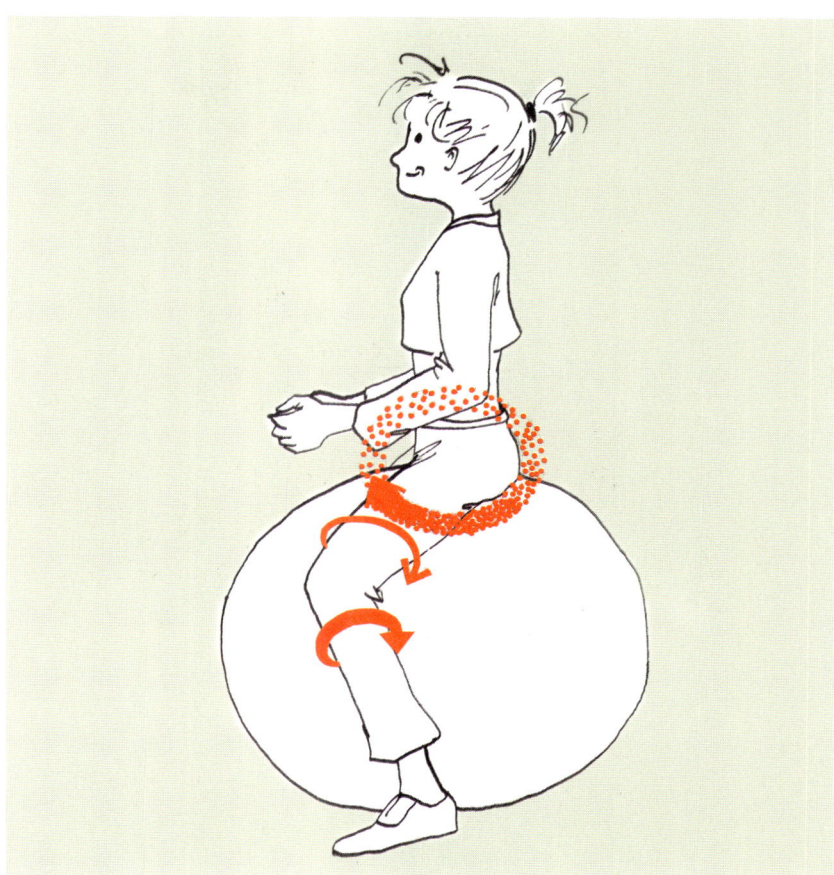

Ü 17:
Vorwärts-Reiten
mit Sitz und
Schenkeln

Ü 17: Vorwärts-Reiten mit Sitz und Schenkeln

Stehend und am Ball: In korrekter Aufrichtung, Schultergürtel und Kopf im Gleichgewicht. Schwingen Sie im Schritt oder im Trab.

Vergrößern Sie gedanklich diese Kreise und verstärken Sie die Beckenschaukel. Zugleich betonen Sie den unteren Teil der Schwingbewegung durch einen deutlichen Impuls nach vorne.

Immer dann, wenn sich der Pferderücken senkt, also das Pferdehinterbein vorzuschwingen beginnt und Sie im unteren Teil des Schwingkreises einen deutlichen Impuls nach vorne geben, dann rotieren Sie auch die kurzzeitig angespannte Wade an das Pferd.

Danach lassen Sie die Wade sofort wieder locker.

Dieser Rhythmus wiederholt sich bei jedem Schwingkreis.

Auch ein Haflinger kann korrekt geritten werden.
Judith auf Billy. (Foto Jarc)

Manchmal genügt schon ein Vorwärts-Befehl. Hat mein Pferd aber einen besonders gemütlichen Tag, dann werde ich eben mehrmals treiben müssen - schließlich plagt uns auch nicht immer der Arbeitseifer.

Knalle ich dem Pferd nur die Schenkel an den Bauch, dann verspannt es sich und bewegt sich mit hochgerissenem Kopf, weggedrücktem Rücken und verspannten Tritten vorwärts. Schenkelgeher ist der Fachausdruck für ein Pferd, das so sitzlos geritten wird. Diese Art des Reitens führt früher oder später unweigerlich sowohl beim Reiter als auch beim Pferd zu Rückenproblemen.

Justine reitet ihre Springpferde dressurmäßig völlig korrekt. Justine auf Easy Jumper. (Foto Jarc)

Vertrauen ist gut, Kontrolle ist besser. Selbst wenn Sie glauben, beim Vorwärts-Reiten locker zu bleiben, dann muß das noch lange nicht der Fall sein. Legen Sie Ihre Hände mit der Innenfläche nach oben unter Ihre Gesäßhälften und überprüfen Sie, ob sich wirklich keine Muskulatur verspannt – weder am hinteren Oberschenkel noch im Gesäß. Sie sollen unter Ihren Händen nur einen runden Schwung fühlen. Diese Übung ganz locker und doch korrekt auszuführen, ist sehr anstrengend. Schieben Sie daher immer wieder genügend Pausen ein, denn am Pferd treiben Sie ja auch nicht ununterbrochen!

DIE LENKUNG

14

Jedes Pferd hat - mechanisch gesehen - einen Hinterradantrieb. Wir bestimmen durch unseren Sitz nicht nur die „Motorstärke", sondern auch die Richtung, die unser Pferd nehmen soll. Die Vorhand des Pferdes wird von der Hinterhand geschoben, genauso wie die Vorderräder eines Autos, das mit Hinterradantrieb fährt.

Auf geraden Linien zu lenken, scheint einfach zu sein. Wir sitzen gerade und glauben, daß unser Pferd nun gerade vorwärts gehen wird. Das kann es nicht, weil es, genau wie ein Hund, eine gewisse natürliche Schiefe besitzt. Die Vorhand eines Pferdes ist meist schmaler als die Hinterhand. Fast jedes Pferd läuft daher nicht nur schief, sondern auch ein wenig verbogen, und zwar stellt es meist den rechten Hinterfuß seitlich hinaus. Diese Schiefe kann nicht über den Zügel, sondern nur durch den Sitz korrigiert werden, am einfachsten durch Seitengänge. Da uns diese Lektionen vorläufig noch ein Treppchen zu hoch sind, verschieben wir diese Korrekturen auf später. Wie oft wir uns dann noch mit dem Geraderichten beschäftigen werden, das verrät uns d'Auvergne: *„Der Pferdemann, mit aller seiner Kunstvollkommenheit wird sein Leben damit zubringen, diese Unvollkommenheit zu korrigieren."*

Schöne Aussichten, aber diese Schiefe garantiert uns wenigstens, daß uns beim Reiten niemals langweilig werden kann.

Korrekte Handhaltung. (Foto Jarc)

Verdeckte Hände mit abstehender Gerte. (Foto Jarc)

Wie nehmen wir eigentlich Verbindung zum Pferdemaul auf? Wir fassen den Zügel Stück für Stück kürzer, bis wir das Maul des Pferdes gleichmäßig an beiden Zügeln spüren. Wir bieten dem Pferd den Zügel nur an, mehr können wir nicht tun. Wenn wir korrekt sitzend vorwärtsreiten und unser Pferd über den Rücken geht, wird es dieses Angebot bald annehmen, und wir spüren plötzlich eine deutliche elastische Verbindung. Sie kommt allerdings nicht sofort. Solange das Pferd noch nicht wirklich gelöst ist, rumpelt es nicht nur unter dem Po, auch die Zügelverbindung ist noch sehr wechselhaft. Erst wenn alle Muskelgruppen miteinander arbeiten, kann auch die ideale Zügelverbindung zustande kommen.

Auch wenn unser Arm durch das Lösen im Schultergelenk locker sein sollte, so kann man doch auch einen lockeren Arm falsch halten. Wir werden uns jetzt einen Zügel beziehungsweise einen Ersatzzügel beschaffen und damit zum korrekten Sitz auch noch den korrekten, lockeren Zügelarm trainieren.

Als Ersatzzügel können wir den langen, weichen Gürtel eines Bademantels verwenden. Noch besser wäre es, gleich zwei solcher Frotteegürtel zu verknüpfen, dann ist der Zügel garantiert lang genug. Wichtig ist nur, daß es sich um elastisches Material handelt. Plazieren Sie Ihren Ball etwa einen halben Meter hinter einem Sessel und legen Sie den

Ersatzzügel in Höhe der Sitzfläche um die Lehne herum - das entspricht etwa der Höhe des Pferdekopfes. Mit Hilfe dieser Konstruktion können wir einigermaßen die Zügelsituation imitieren.

Noch besser wäre es natürlich, wenn Sie jemanden bitten könnten, Pferd zu spielen und die Nickbewegungen des Kopfes zu simulieren. Dann könnte der ganze Arm mit jeder Bewegung mitgehen, und winzige Bewegungen könnten auch noch mit den federnden Fingern abgefangen werden.

Ü 18: Arm- und Zügelhaltung

Am Ball: Sitzen Sie korrekt aufgerichtet und ergreifen Sie den Ersatzzügel. Den Oberarm lassen Sie gerade und locker herunterhängen, den Unterarm halten Sie so, daß eine ungebrochene Linie vom Ellbogen zum Maul verlaufen kann.

Die direkte, kürzeste Verbindung zwischen Ellbogen und Pferdemaul ist die Idealverbindung.

Ellbogen- und Handgelenk schwingen locker aus der Schulter heraus mit der Pferdebewegung mit. Die lockere, aufgestellte Faust setzt nur die direkte Linie des Unterarms fort, sie wird weder nach innen noch nach außen verdreht, nicht nach oben und auch nicht nach unten. Die Daumen liegen locker gebogen obenauf.

Organisieren Sie sich eine Gerte oder etwas Gertenähnliches, beispielsweise

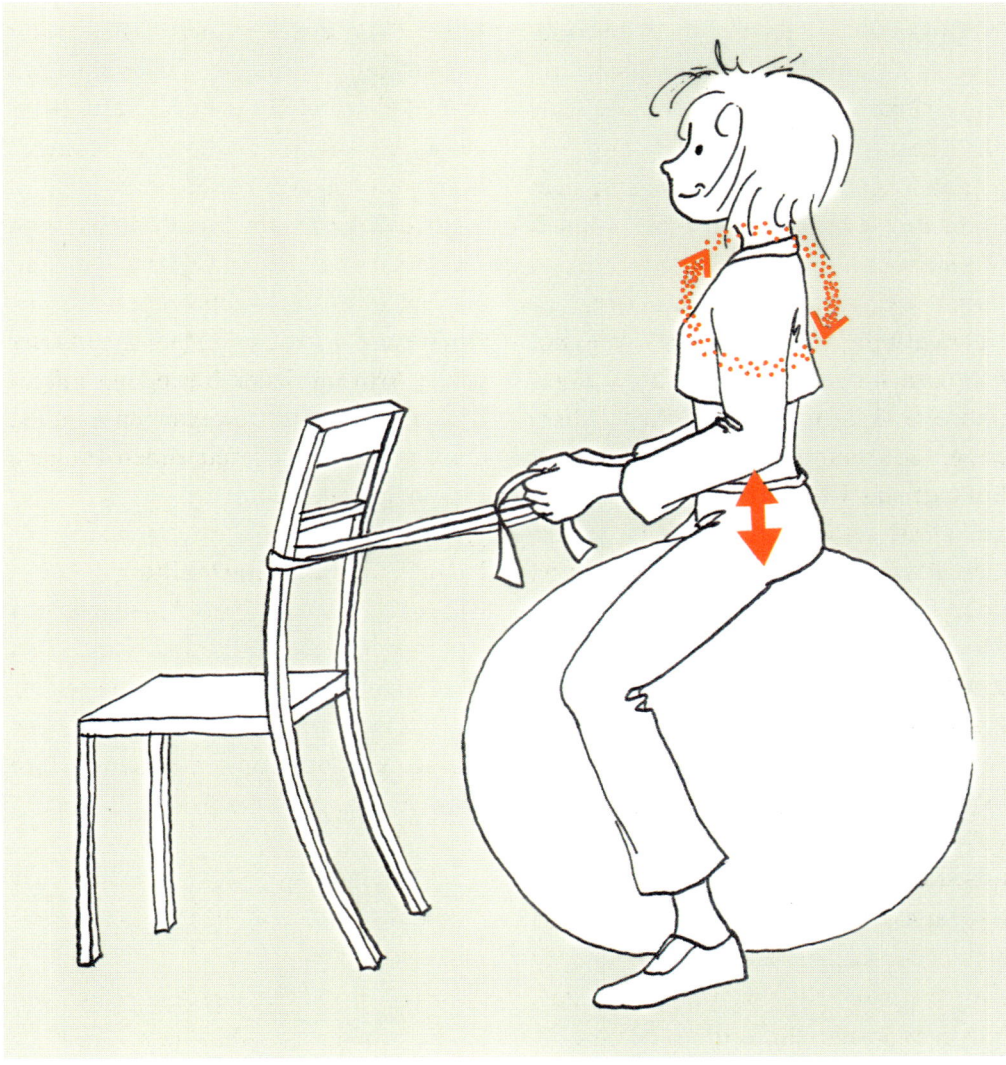

Ü 18: Arm- und Zügelhaltung

einen Kochlöffel, und halten Sie diese Gerte ganz locker mit dem Zügel in einer Hand.

Verdrehte, starre Hände erkennt man sehr deutlich an der fast waagrecht abstehenden Gerte.

Nun wippen Sie auf dem Ball deutlich auf und ab und konzentrieren sich darauf, die Zügelverbindung gleichmäßig und weich zu halten, indem Sie das Schultergelenk rhythmisch im Takt rundumlösen.

Wenn wir nicht nur korrekt sitzen, sondern auch unsere Hände mustergültig halten, müßte unser Pferd eigentlich zufrieden sein.

Leider lieben Pferde ihre Bequemlichkeit über alles und versuchen immer wieder, sich von der Spannung, die durch das Vorwärts aufgebaut wird, zu befreien. Sie zupfen – wenn der Reiter nicht aufpaßt – so lange am Zügel, bis er endlich wieder um einen halben Meter länger geworden ist und sie dadurch ihre Hinterbeine bequem hinausstellen können.

Natürlich kann so etwas nicht geduldet werden. „Zügel annehmen - kürzer fassen" sind etwas unglücklich gewählte Kommandos, die in solchen Situationen in vielen Reitbahnen zu hören sind. Sie verführen dazu, das Pferd – anstatt vorwärts zu reiten – schnell von vorne nach hinten in Fasson bringen zu wollen. Balanceprobleme führen dazu, daß wir uns manchmal für einen Moment am Zügel abstützen. Hängenbleiben nennt man einen solchen Handfehler.

Ein gut gerittenes sensibles Pferd ist sofort irritiert. Oder wir haben nicht aufgepaßt, ein Zügel hängt durch, und im nächsten Moment bekommt unser Pferd ungewollt einen Riß ins Maul – auch darüber ist es natürlich verärgert.

Entschuldigen Sie sich ruhig bei Ihrem Pferd, wenn Sie einen Fehler gemacht haben, und beginnen Sie von neuem.

Denken Sie daran: Schwung ist der Kraftstoff, den wir zum Reiten brauchen. Also reiten Sie flott vorwärts, bieten Sie den Zügel wieder an und hoffen Sie, daß ihn das beleidigte Pferd bald wieder versöhnlich annimmt.

„HALT" OHNE ZÜGEL

Beim Segeln benützen wir den Wind als Antriebskraft. Er wirkt als vorwärtstreibende Kraft, egal aus welcher Richtung er kommt. Wollen wir anhalten, dann stellen wir unser Boot mit der Nase in den Wind, und aus der Antriebskraft wird Widerstand - so können wir bremsen. Bei der Landung müssen wir den Bremsweg genau berechnen, sonst rumpeln wir in den Steg.

Beim Reiten ist die Situation insofern ähnlich, als wir auch nur eine Antriebskraft kennen: den **Schwung.** Wir reiten flott vorwärts, weil wir durch den Schwung unser Pferd beherrschen. Wollen wir anhalten, dann haben wir wieder nur diesen Schwung zur Verfügung. Wie schaffen wir es, daß dieser Schwung plötzlich bremsend wirkt?

Dieses Phänomen kommt dadurch zustande, daß unser Pferd ein lernfähiges Lebewesen ist. Es hat gelernt, sich auf ein bestimmtes Signal hin selbst aufzunehmen, also mit den Hinterbeinen vermehrt unter das eigene Gewicht zu treten, es nach hinten zu verlegen und letztlich anzuhalten. Das passiert aber nur, wenn der Reiter diese angelernte Hilfe genau nachreitet.

Mit Kraft kann kein Mensch ein 500 Kilogramm schweres Pferd anhalten. Macht der Reiter etwas falsch, dann bleibt ihm nichts anderes übrig, als verzweifelt am Zügel zu ziehen. Weil Pferde letztendlich sehr gutmütig sind, kommt unser Reiter doch irgendwie

Ein gemütlicher Familienausflug.
Judith auf Wotan, Petra auf Lisa, Liesl auf Graboni. (Foto Sogl)

zum Stehen, aber es ist eine genauso blamable Landung wie das Rammen des Stegs.

Jede Kursveränderung wird am Boot deutlich und zeitgerecht angekündigt. „Klar zur Wende?" fragt der Steuermann, und erst wenn der Vorschoter durch sein „Ist klar!" anzeigt, daß er bereit ist, wird das Manöver eingeleitet. Genauso klar und deutlich bekäme auch jedes Pferd gerne seine Anweisungen. Jeder Übergang, jede neue Lektion, das

alles sollte durch ein pferdeverständliches „Klar zur ..." eingeleitet werden.

Eine solche pferdeverständliche Ankündigung nennt man eine **Parade.** Heute kennt man nur noch die halbe und die ganze Parade, früher hingegen arbeitete man mit Viertel-, ja sogar mit Achtelparaden.

Das war durchaus sinnvoll, denn heute muß die halbe Parade ein sehr breites Spektrum abdecken. Wir wollen daher

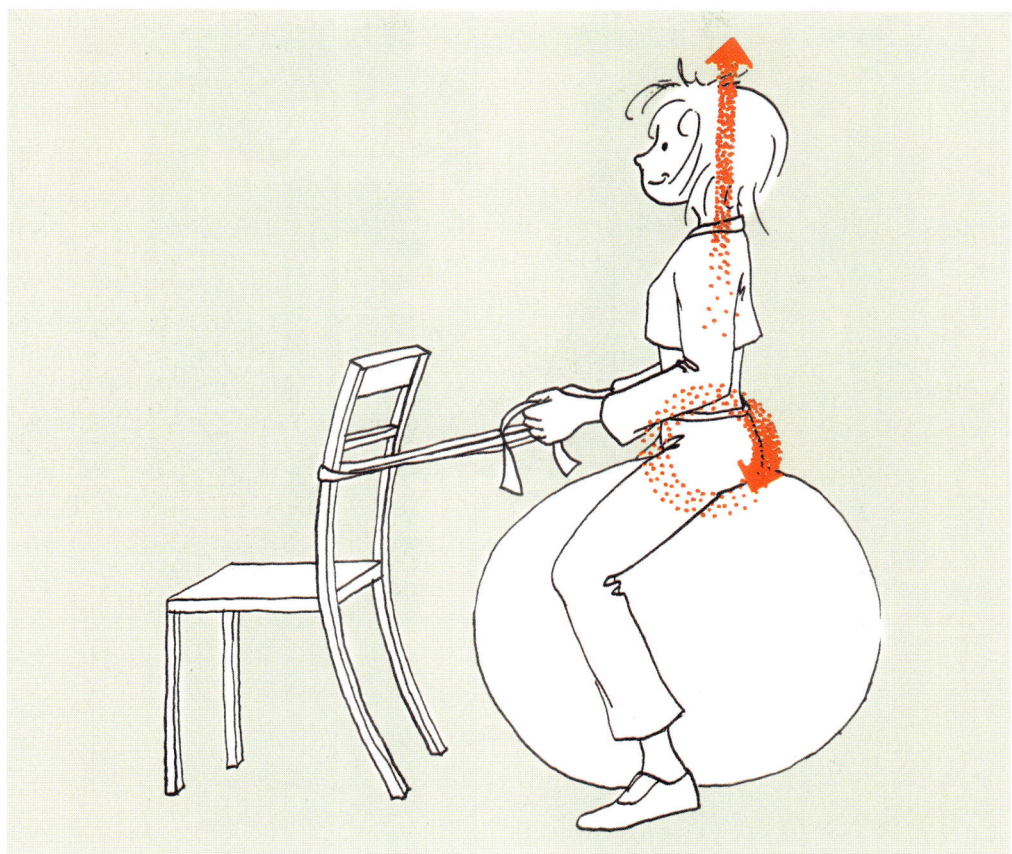

Ü 19: Viertelparade

den Begriff **Viertelparade** wieder aufleben lassen, weil eine klare Unterscheidung sehr zum Verständnis dieser Bewegungsvorgänge beitragen kann.

Wenn unser Pferd willig und schwungvoll vorwärtsgeht und wir eine neue Lektion nur ankündigen wollen, dann ist eine Viertelparade angebracht. In diesem Fall balanciert sich der Reiter selbst neu aus.

Ü 19: Viertelparade
Am Ball mit Zügel: Sitzen Sie korrekt aufgerichtet, Schultergürtel und Kopf im Gleichgewicht, die Füße halten den vollen Bodenkontakt. Ergreifen Sie den Ersatzzügel und schwingen Sie im Schritt beziehungsweise im Trab. Nun richten Sie sich betont noch ein wenig mehr auf und lösen Sie die Muskulatur um das Hüftgelenk besonders im hinteren, absinkenden Teil des Schwunges.

Sehr gut gerittene, sensible Pferden reagieren bereits auf dieses Sich-Ausbalancieren. Üblicherweise verwenden wir als Vorbereitung für neue Lektionen und Übergänge aber eine **halbe Parade.** Dabei bauen wir durch Vorwärtsreiten Schwung auf. Dieser Schwung fließt, von den Hinterbeinen entwickelt, über die Kruppen- und Rückenmuskulatur und weiter über den Hals hin zum Maul. Dort verbietet ein minimales Handsignal die Weiterreise.

Fehlt dieses „Stopschild", dann läuft das Pferd durch das Vorwärts einfach auf der Vorhand vorne weg.

Um den Schwung zu erhalten und zur Umkehr zu veranlassen, schließen wir für einen Moment geringfügig unsere Finger. Dann lassen wir sofort wieder locker und stellen die normale, weiche elastische Zügelverbindung her. Der Schwung fließt wieder zurück in die jetzt vermehrt untertretenden Hinterbeine, die dann auch, wenn wir diese halben Paraden wiederholen, Gewicht übernehmen und zu tragen beginnen.

Jetzt hat auch unser Pferd seine Balance verbessert, Power in den Hinterbeinen aufgebaut und „ist klar" für eine neue Lektion.

Schließen wir irgendwann unsere Finger und erwischen dabei nicht den richtigen Moment, dann fühlt sich unser Pferd behindert. Wann ist aber der richtige Moment?

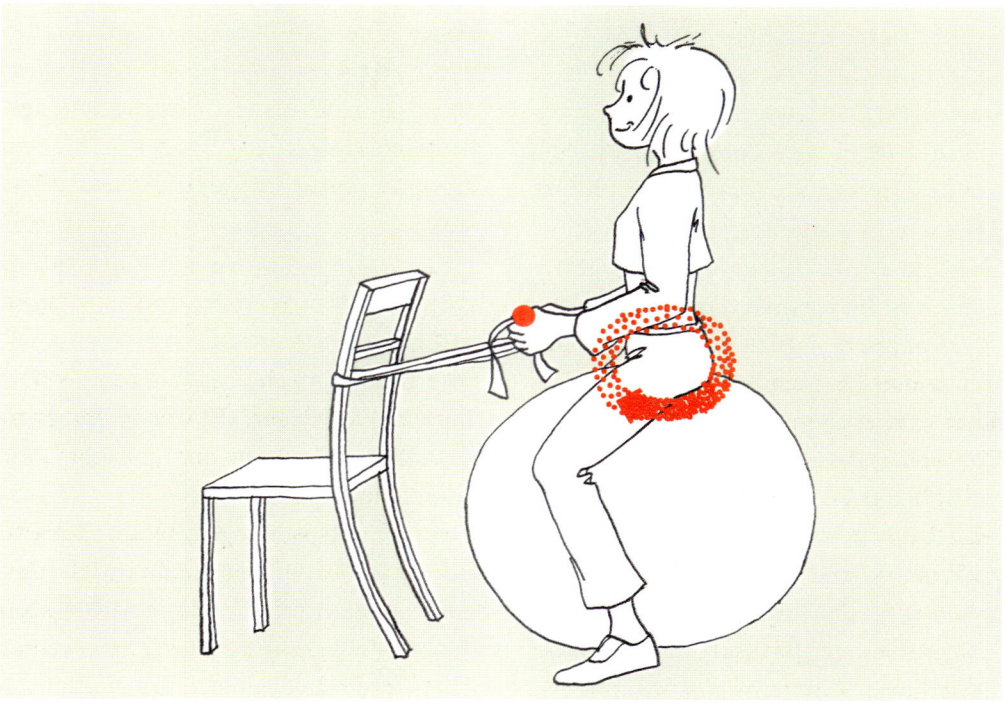

Ü 20: Halbe Parade

Ü 20: Halbe Paraden

Am Ball mit Zügel: Sitzen Sie korrekt aufgerichtet, Schultergürtel und Kopf im Gleichgewicht, die Füße halten den vollen Bodenkontakt.

Ergreifen Sie den Ersatzzügel und schwingen Sie im Schritt beziehungsweise im Trab. Richten Sie sich betont auf und lösen Sie die Muskulatur um das Hüftgelenk besonders im hinteren, absinkenden Teil des Schwunges.

Nun vergrößern Sie gedanklich diese Kreise und betonen Sie den unteren Teil der Schwingbewegung durch eine verstärkte Beckenschaukel mit einem deutlichen Impuls nach vorne. Dieser „ver-stärkte" Moment, also der unterste Teil der Schwingbewegung, ist auch der Augenblick, in dem Sie die Finger kurz schließen sollen, um den Schwung in die Hinterbeine „umzuleiten". Die Finger dann müssen Sie aber sofort öffnen und wieder die weiche, elastische Zügelverbindung herstellen.

Bei Bedarf können Sie auch noch im „verstärkten" Moment der Schwingbewegung die gespannte Wade an den Pferdebauch heranrotieren. Die Intensität der Hilfengebung hängt eben immer davon ab, wie gut das Pferd geritten ist.

Pferde sind Fluchttiere und lassen sich sehr leicht ablenken. Paßt Ihr Pferd gerade nicht besonders auf, dann müssen Sie öfter und deutlicher mit ihm „reden", also die halben Paraden mehrmals wiederholen.

Für alle drei Grundgangarten gibt es auch **Verstärkungen**. Da man schon in A-Dressuren halbwegs erkennbare Unterscheidungsmerkmale für die Beurteilung braucht, wird auch dort bereits Arbeits- und Mitteltrab und Arbeits- und Mittelgalopp geritten, obwohl Verstärkungen, richtig geritten, schwierige Lektionen sind und in der Basisarbeit noch nichts zu suchen hätten.

Egal um welche Verstärkung es sich handelt, niemals darf dabei eiliger als sonst geritten werden. Das Pferd soll seine Tritte beziehungsweise Sprünge nur verlängern, im Rahmen erweitern, so sagt man dazu, ohne daß die Taktfrequenz erhöht wird.

Jede Verstärkung erfordert mehr Schwung aus der Hinterhand, also muß vorher entsprechend mehr „Aufbauarbeit" geleistet werden. Jede Verstärkung bereiten wir durch mehrere halbe Paraden gründlich vor, dann schicken wir das mit Schwung und Energie bepackte Pferd auf die Reise. Dabei soll das Pferd vermehrt untertreten können, braucht besonders viel Platz zum Starten - also **Popo extra light.**

Während der Verstärkung machen wir uns so leicht wie nur möglich. Wenn wir es schaffen, das Schultergelenk auch in der Verstärkung rundum zu öffnen, dann fühlen wir ganz genau, wieviel Spannung vom Zügel zurückfedert, und können eine weiche, elastische Verbindung halten.

Lassen wir hingegen gleich am Beginn der Verstärkung den Zügel extrem locker, „wegschmeißen" nennt man das im Fachjargon, dann verliert das Pferd seine Balance und fällt quasi auf die Nase.

Ist schon das Verstärken eine schwierige Sache, so ist das korrekte Zurücknehmen, also das Schalten in eine ruhigere Gangart, noch schwieriger. Dabei sollen wir das Pferd durch vermehrtes Vorwärts-Treiben dazu bringen, sich selbst aufzunehmen, ohne daß wir am Zügel ziehen müssen.

Vorwärts ist also die Devise, wenn wir **langsamer** werden wollen - das ist sehr gewöhnungsbedürftig.

Wollen wir, egal aus welcher Gangart, zum Stillstand kommen, dann bezeichnet man diese Lektion als **ganze Parade.** Nach mathematischen Gesetzen müßten zwei halbe Paraden eine ganze ergeben, aber so ist das nicht.

Unter Umständen kann man vier bis fünf halbe Paraden benötigen, um zu einer korrekten ganzen Parade durchzukommen.

Das Ende einer ganzen Parade ist die Schlußaufstellung. Diese darf keine

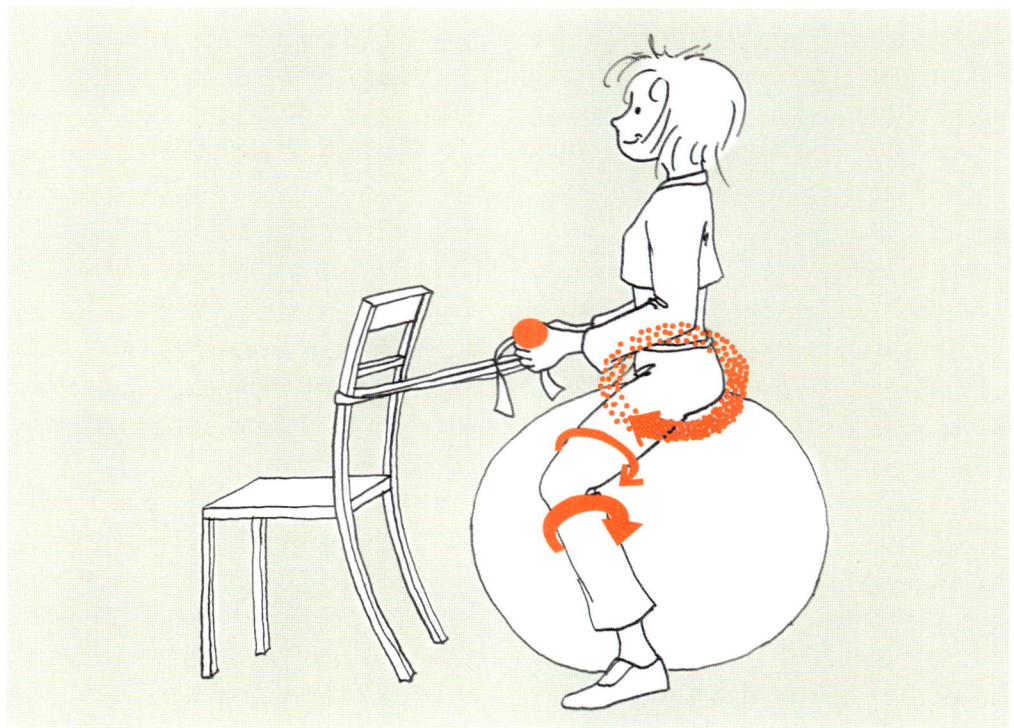

Ü21: Ganze Parade

Ähnlichkeit mit einem Handstand haben, sondern die vier Pferdebeine sollen geschlossen und parallel unter den Pferdekörper gebracht werden. Das gelingt uns nur, wenn wir mit unseren Beinen die Hinterbeine unseres Pferdepartners überwachen.

Die Versuchung, ein Beinchen seitlich oder nach hinten hinauszustellen, ist einfach riesengroß – wir machen es uns ja auch gerne bequem.

Um dem Pferd absolute Rückenfreiheit zu gewähren, ist bei der ganzen Parade Popo light angesagt, schließlich soll das Pferd ja untertreten können.

Ü 21: Ganze Parade

Am Ball mit Zügel: Bereiten Sie diese Übung durch mehrere halbe Paraden, siehe Übung 20, vor.

Wenn Sie merken, daß Ihr Pferd immer mehr untertritt, hinten Gewicht übernimmt und deutlich langsamer wird, dann sollen beide Unterschenkel beim Schluß-Schwung am Pferd bleiben, denn zur Schlußaufstellung darf Ihnen kein Pferdebein abhanden kommen. Schließen Sie beim Schluß-Schwung noch einmal ganz kurz die Finger, lassen sie aber sofort wieder locker.

In schwierigen Situationen, wenn zum Beispiel andere Pferde unkontrolliert an Ihnen vorbeirauschen, dann können Sie bei der ganzen Parade Ihr Handsignal auch noch durch ein Beinsignal verstärken.

Unterbrechen Sie für einen ganz kurzen Moment das Mitschwingen mit der Pferdebewegung, indem Sie die Oberschenkel an der Innenseite schließen.

Jedes gut gerittene Pferd versteht dieses bremsende Signal.

Dann sitzen Sie sofort wieder weich und entspannt im Sattel und schwingen wieder mit.

Auch, wenn man auf einem Muli sitzt, das sich als Reitpferd tarnt, ist die Beinbremse recht hilfreich, denn auf ein Zügelzieh-Gefecht soll man sich möglichst nicht einlassen.

DIE ALLTAGS- UND DIE REITER- DREHUNG

„Der Erhöhung der Geschmeidigkeit und damit der Geschicklichkeit sowie der Bekämpfung von Steifheiten dient das Biegen des Pferdes." (Podhajsky)

Wenn der Winter ins Land zieht, dann beginnt für viele Freizeitreiter eine recht unbequeme Zeit. Entweder sie frösteln sich bei arktischen Temperaturen durchs Gelände, oder sie quälen sich in der Halle mit den ungeliebten Hufschlagfiguren ab. Ihre Antipathie ist verständlich, weil sie mit dem Sitz, mit dem sie auf geraden Linien reiten, in Wendungen ziemlich hilflos sind. Durch die Ecken der Reitbahn schwindeln sie sich noch irgendwie hindurch, aber wenn es dann Zirkel, Schlangenlinien oder Volten heißt, ist das Resultat ihrer Bemühungen nur ein verbogener Pferdehals, ein unwilliges Pferd und ein unzufriedener Reitlehrer.

Die Wirbelsäule des Pferdes ist, abgesehen vom übertrieben biegefreudigen Hals, eine eher starre Angelegenheit. Diese Beweglichkeit im Halsbereich ist besonders für Anfänger und schwächere Reiter ein ziemliches Problem, denn sie lassen sich von den angebotenen Halsverwindungen leicht täuschen und halten dieses Verbiegen im Hals schon für Biegung.

Versuchen wir hingegen ein Pferd im Mittelbereich der Wirbelsäule ehrlich zu biegen, dann kommt zur ständigen Arbeit der Rücken- und Bauchmuskulatur auch noch das Zusammenschieben

Angelika sehr deutlich im biegenden Sitz nach rechts. (Foto Sogl)

der Innenseite und das Dehnen der Außenseite hinzu - das fällt besonders kurzen und dicken Pferden sehr schwer.

Eine gewisse Beweglichkeit zeigt die Wirbelsäule noch im Übergangsbereich zu den Lendenwirbeln, bevor sie im hintersten Teil der Kruppe, dem Bereich vor der Schweifrübe, völlig starr wird.

Wenn wir eine Wendung reiten, dann verlangen wir von unserem Pferd, daß es dabei mit beiden Hinterbeinen gleichmäßig untertritt. Der innere Hinterfuß hat dabei den kürzeren Weg zurückzulegen, muß sich aber vermehrt biegen und Gewicht übernehmen. Der äußere Hinterfuß darf nicht ausfallen und auch nicht nachgeschleppt werden. Das alles

Angelika sehr deutlich im biegen-den Sitz nach links. (Foto Sogl)

ist anstrengend und unser Pferd wird uns das nicht freiwillig anbieten. Wenn wir aber in einer Wendung **biegend sitzen**, dann verlangen wir zwingend vom Pferd, daß es seine Wirbelsäule auch ein wenig biegt.

Durch dieses Biegen der Pferdewirbelsäule kommen wir leichter an die Hinterbeine des Pferdes heran und kön-

nen sie unter das Gewicht treiben. In der Biegung treiben wir üblicherweise zuerst einmal das innere Hinterbein unter, dann erst versuchen wir auch das äußere Hinterbein zu erfassen. Sicherheitshalber wechseln wir aber die Richtung, um das Spiel auf der anderen Hand von neuem zu beginnen. Haben wir es endlich geschafft, beide Hinterbeine gleichmäßig tragend unter den Schwerpunkt zu treiben, dann hat sich unsere Mühe gelohnt: Wir haben die Vorhand entlastet. Jetzt ist unser Pferd im Gleichgewicht und angenehm zu sitzen und leicht zu lenken.

Hufschlagfiguren sind also keine Sammlung von ausgeklügelten Boshaftigkeiten, sondern Gymnastik-Programme für Pferde. Sowohl das Sich-Biegen als auch das Untertreten und das Tragen ist anstrengend, und daher versucht jedes Pferd, sich dieser Arbeit zu entziehen. Pferde grasen am liebsten und kümmern sich keinen Pfifferling darum, ob Gymnastik für sie gesund ist.

Durch die natürliche Schiefe stellt das Pferd schon auf geraden Linien gern ein Hinterbein – meist das rechte – nach außen und stützt sich zum Ausgleich auf die diagonale Schulter. In Wendungen macht sich diese Schiefe erst recht unangenehm bemerkbar, denn jedes Pferd setzt sie hemmungslos und äußerst erfinderisch ein, um sich der ungeliebten Biegung zu entziehen. Die Hinterbeine werden seitwärtsgestellt, schräg gestellt, steif gehalten, nachgeschliffen, treten ungleich.

Wenn wir biegend sitzen können, dann werden wir mit all diesen Schwierigkeiten fertig. Dazu müssen wir aber zuerst einmal neue Bewegungen lernen und zusätzlich auch noch bereits bekannte Bewegungen abgeändert anwenden. Wir benötigen:

- ein spezielle Art des Drehens: die Reiter-Drehung
- eine weite Dehnung auf der Außenseite
- ein verändertes Mitschwingen in der Biegung

Der große Zirkel erfordert eine leichte Biegung, die kleine Volte (sechs Meter Durchmesser) stellt die höchste Form der Biegung dar.

Teilstücke dieser beiden Zirkel findet man in allen Hufschlagfiguren, zum Beispiel in großen und kleinen Schlangenlinien. Auch beim korrekten Durchreiten einer Ecke befinden wir uns auf einem Voltenteilstück. Biegt sich ein Pferd in der Wendung, dann bedeutet das, daß sich Vorhand und Hinterhand auf verschiedenen Teilstücken eines gerittenen Kreises befinden. Da unser Gesäß für die Hinterhand zuständig ist und unser Oberkörper die Vorhand des Pferdes überwacht, hat Müseler die schon zum Klassiker gewordene Forderung aufgestellt:

„Der Reiter muß entsprechend der Biegung des Pferdekörpers mit den Hüften parallel zu den Hüften des Pferdes und mit den Schultern parallel zu den Schultern des Pferdes bleiben.

Ober- und Unterkörper des Reiters nehmen also in der Biegung verschiedene Richtungen ein. Das heißt, irgendwie und irgendwo muß im Körper des Reiters gedreht werden. Aber wie und wo, das ist die Gretchenfrage!

Die **Alltags-Drehung:** Wenn wir uns, ohne an Reiten zu denken, auf einem Sessel sitzend zur Seite drehen, dann beginnen wir die Drehung mit dem Kopf, nehmen die innere Schulter mit in die Wendung, lassen aber die äußere Schulter ziemlich vernachlässigt hängen. Wir belasten in dieser Drehung üblicherweise auch nur eine Gesäßhälfte – meist die innere – der andere Sitzknochen hebt sogar ein wenig ab. Diese alltägliche Art des Drehens ist uns so selbstverständlich geworden, daß jeder Reiter anfangs auch am Pferd versucht sich so zu drehen, wenn er eine Wendung reiten will. Das hat folgende negative Auswirkungen:

• Wenn wir mit der inneren Schulter die Drehung beginnen, wird der Kopf des Pferdes durch den Innenzügel hereingezogen. Das hat zur Folge, daß der gleichseitige innere Hinterfuß gebremst wird und nicht mehr genügend untertreten kann.

• Wenn wir mit unserem Gewicht nur noch auf einem Sitzknochen sitzen und mit dem anderen Sitzknochen abheben, dann verlieren wir jede Kontrolle über das äußere Hinterbein. Ein altes Sprichwort sagt: „Wenn die Katze Ausgang hat, haben die Mäuse Kirtag!"

• Wenn wir uns schraubenförmig verdrehen oder in der Hüfte einknicken, dann können wir unsere Hüftgelenke nicht genügend rundum öffnen. Die Mitschwingbewegung des Beckens ist behindert, der Innenschenkel drückt hart gegen den Pferdebauch und kann nicht mehr vorwärtsmassierend eingesetzt werden. Der äußere Schenkel rutscht nach vorne weg und verliert dadurch jede Kontrolle über das äußere Hinterbein.

Mit Hilfe der schrägen (vorwiegend äußeren) Muskulatur, die über unseren ganzen Körper verläuft, führen wir üblicherweise alle Körperdrehungen aus. Die vom Kopf eingeleitete schraubenförmige Drehung ist, wie wir gerade erkannt haben, am Pferd völlig ungeeignet, daher muß eine neue Art des Drehens gefunden werden.

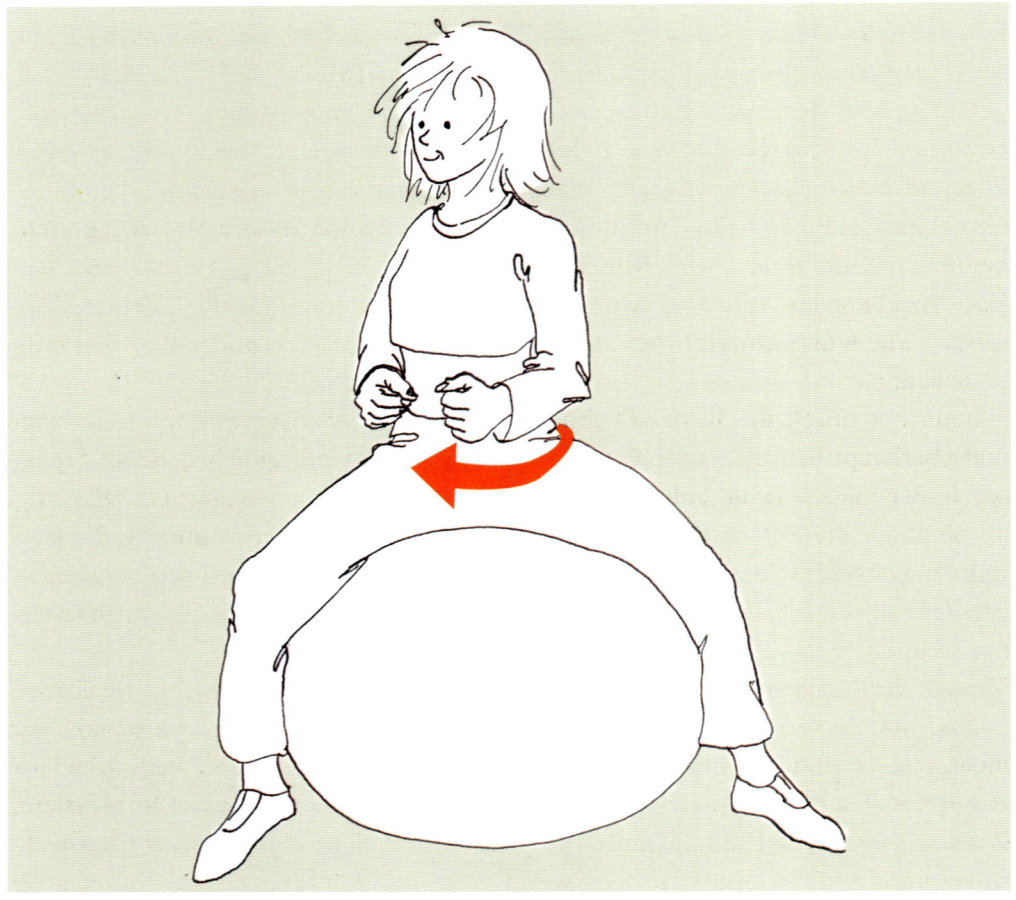

Ü 22: Reiterdrehung: Ziehen Sie sich in die neue Richtung.

Ü 22: Reiter-Drehung:

Am Ball: Sitzen Sie korrekt aufgerichtet, Schultergürtel und Kopf im Gleichgewicht, Füße halten den vollen Bodenkontakt. Halten Sie Arme und Hände so, als würden Sie einen Zügel halten - also Zügelposition. Im Unterbauch finden wir sowohl innere als auch äußere schräge Bauchmuskulatur. Hier im Unterbauch, und zwar so tief wie nur möglich, müssen Sie jetzt versuchen, mit Hilfe dieser Muskelgruppen eine kleine Drehung in die gewünschte Richtung einzuleiten.

Bleiben Sie dabei absolut gerade und knicken Sie nicht im geringsten ein. Ziehen Sie sich im Unterbauch mit aufgerichtetem Oberkörper und lockeren, geraden Schultern in die neue Richtung und achten Sie darauf, daß dabei beide Sitzknochen völlig unverändert am Ball bleiben.

Erinnern Sie sich noch daran, wie schwierig es für Sie war, die unteren geraden Muskeln zum Arbeiten zu bewegen? Jetzt werden Sie das gleiche Problem haben. Wenn die Kraft fehlt, unten im Bauch mit der Drehung zu beginnen, dann bieten viele Reiter als Ersatzhandlung ein Verwinden im Oberkörper an, was natürlich völlig unbrauchbar ist.

Denn nur durch die Reiter-Drehung und überhaupt den biegenden Sitz sind wir in der Lage, sowohl auf die Hinter- als auch auf die Vorhand unseres Lieblings gleichzeitig einzuwirken und alle Pferdebeine, die sich auf Abwege begeben wollen, wieder auf den Pfad der Tugend zurückbringen.

Das paßt unserem Pferd natürlich nicht, und es versucht, uns mit mit allen möglichen Tricks aus dieser souveränen Position zu entfernen. Das passiert fast immer am Anfang einer Reitstunde. Wenn das Pferd noch steif ist und das innere Hinterbein noch nicht wirklich tragend und biegend untersetzen kann, dann versucht es, uns in jeder Wendung nach außen zu setzen. Die innere Körperseite des Pferdes ist zu diesem Zeitpunkt noch höher als die Außenseite,

und ein solcher Abrutscher ist schnell passiert, denn in diesem Stadium sitzen wir auf jeden Fall unbequem und labil. Zielstrebig werden wir entweder durch sanftes Schubsen oder deutliches innen Hochschießen immer ein wenig mehr aus der Balance gebracht, bis wir schließlich nur noch den äußeren Sitzknochen belasten und völlig einseitig sitzen.

Diesem beharrlichen Umsetzen können wir nur mit gleicher Waffe begegnen: Wir müssen uns genauso beharrlich immer wieder auf den inneren Sitzknochen zurücksetzen oder besser: zurückziehen, und zwar mit Hilfe der schrägen Unterbauchmuskulatur.

Die Vorhand wird durch die Zügel, also unsere Schultern, kontrolliert. Der Außenzügel überwacht einen schwierigen Partner: das äußere Vorderbein. Wenn wir dort die Verbindung verlieren oder mit der anderen Hand am Innenzügel ziehen, dann „fällt das Pferd über die Schulter".

Das ist der Fachausdruck dafür, daß unser Pferd das äußere Vorderbein seitwärts stellt und sich abwechslungshalber einmal auf diese Art der Biegung entzieht.

GUT GEDEHNT IST HALB GEBOGEN

In der Biegung überwachen unser äußerer Sitzknochen und unser äußeres Bein das ausfallsüchtige äußere Hinterbein des Pferdes. Verwahrend nennt man im Fachjargon diese Beinposition, und nur sehr wenige Reiter machen sich die Mühe, diesen Ausdruck näher zu hinterfragen, geschweige denn, sich damit abzuplagen. Oberbereiter *Lindenbauer*, einer der besten Reiter und Ausbilder der Spanischen Reitschule in Wien, sagte einmal:

„Wer eine korrekte Wendung reiten kann, dem gelingt auch alles andere."

Die Reiter-Drehung ist zwar ein wichtiger Bestandteil des biegenden Sitzes, aber sie und der treibende Innenschenkel allein können ein Pferd noch lange nicht biegen. Auf den verwahrenden, begrenzenden Außenschenkel kommt es ebenfalls an!

Die Außenpartie des Pferdes ist in der Biegung durch die Dehnung länger als die zusammengeschobene Innenseite. Das bedeutet für den Reiter, daß auch sein äußeres Hüftgelenk samt Bein diese Dehnung mitmachen muß.

Da weder das Hüftgelenk noch das Bein selbst sich verändern können, findet diese Dehnung im Ansatzbereich des Beines, in der Leistengegend statt, ausgerechnet dort, wo starke Bänder und Sehnen unserem Bein Halt verleihen.

Leider ist Dehnung nichts Stabiles, sondern bei jeder Pferdebewegung geht

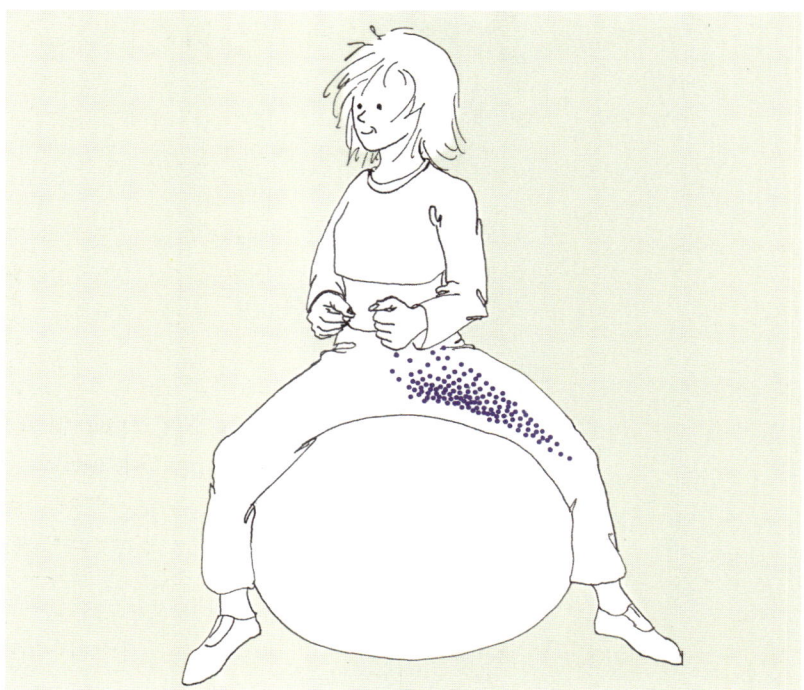

Ü 23:
Das Dehnen

davon ziemlich viel verloren. Wir müssen daher rhythmisch im Takt des Schwingens immer wieder neu dehnen beziehungsweise nachdehnen.

Ü 23: Das Dehnen

Am Sessel und am Ball: Sitzen Sie korrekt aufgerichtet, Schultergürtel und Kopf im Gleichgewicht. Nun strecken Sie ein Bein - leicht abgewinkelt - ziemlich weit nach hinten. Der Sitz und das Bein dürfen sich dabei in keiner Weise verkrampfen. Nicht einseitig abheben, Sie sollen immer beide Sitzknochen gleichmäßig belasten. Legen Sie die Hände unter den Po und kontrollieren Sie das. In der Leistengegend

werden Sie ein leichtes Ziehen verspüren - das ist normal. Das zurückgelegte Bein hält mit der Fußsohle den vollen Bodenkontakt.

Nun versuchen Sie, die Spannung, die durch das starke Dehnen entsteht, abzubauen, und danach versuchen Sie auch noch, das Bein rundum zu lösen. Wechseln Sie das Bein. Sie werden feststellen, daß Sie auch bei dieser Übung eine Schokoladenseite haben - das eben ist das Problem beim Reiten. Wir sind deutliche Rechts- beziehungsweise Linkshänder und genausogut auch Rechts- und Linksfüßer und unserem Pferd geht es nicht anders, es ist auch auf einer Seite merkbar geschickter.

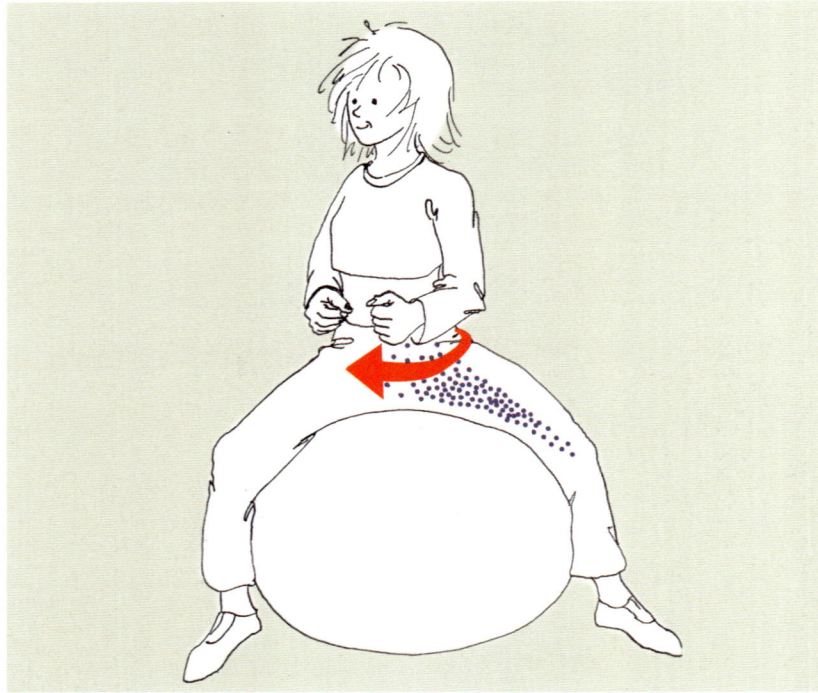

Ü 24:
Biegend sitzen:
Ziehen Sie sich in
die neue Rich-
tung und drehen
Sie die Innenseite
des äußeren
Oberschenkels.

Wieviel wir dehnen müssen, hängt weitgehend von der Figur unseres Pferdes ab. Reiten wir einen wohlgenährten Dickbauch, dann haben wir auf jeden Fall viel zu dehnen und müssen unsere gesamte Hüftmuskulatur sehr bewußt entspannen.

Ü 24: Biegend sitzen

Am Ball: Sitzen Sie korrekt aufgerichtet, Schultergürtel und Kopf im Gleichgewicht, die Füße halten den vollen Bodenkontakt, Arme und Hände in Zügelposition.

Beginnen Sie schräg unten im Bauch mit der Reiter-Drehung, dabei dehnen Sie deutlich den Ansatz des äußeren Beins, das heißt die Innenseite des Oberschenkels. Dadurch rutscht der Außenschenkel automatisch nach hinten und die Knie öffnen ein wenig.

Ihr Oberkörper bleibt dabei gerade aufgerichtet und schwenkt mit lockeren, geraden Schultern durch die Reiter-Drehung ein wenig nach innen, beide Sitzknochen bleiben am Ball.

Am Pferd werden Ihre Hände in diesem Moment den Pferdekopf in gleichmäßig elastischer Zügelverbindung nach innen mitnehmen.

Wenn jemand bereit ist, für Sie „Pferd" zu spielen, dann können Sie den biegenden Sitz auch am Ball mit Zügel trainieren.

Eine interessante Perspektive - Biegung von oben.
Christiane Guster auf Generalissimus-Susa.
(Foto Jarc)

Nun stellen Sie sich noch vor, der Ball wäre ein lebendiges, atmendes Wesen, das die gleichen Dehnungsprobleme hätte wie Sie. Ganz leicht werden Sie im Sitz, und sanft und weich liegt Ihr äußerer Oberschenkel an und bleibt trotz Dehnung völlig locker. Um den inneren Unterschenkel soll sich unser Pferd biegen; das wird es aber nur dann tun, wenn es nicht durch einen harten, verkrampften, angezwickten, inneren Oberschenkel behindert wird – also ebenfalls ganz locker lassen.

Das innere Pferdehinterbein hat in der Biegung zwar weniger Weg zurückzulegen, aber es muß sich mehr biegen, Gewicht übernehmen und dadurch umso intensiver abfedern. Da es sich für eine solche Mehrarbeit keinesfalls anbietet, werden wir mit den Sitz-Hilfen allein nicht auskommen – wir brauchen auch noch den inneren Unterschenkel dazu. Aber wir drücken und quetschen ihn nicht ans Pferd, wir klatschen ihn auch nicht an den Bauch – wir rotieren ihn im Schwing-Rhythmus von hinten kommend, sanft massierend an den Pferdebauch heran. Der äußere Unterschenkel leistet in der Biegung nicht Schwerarbeit, sondern Anwesenheitsdienst. Falls das äußere Pferdehinterbein flüchten will oder auch nur dahinbummelt und eine Aufmunterung braucht, dann wird er vermehrt aktiv. Er kommt dem äußeren Gesäßknochen zu Hilfe, indem er sich im Takt der Pferdebewegung deutlich an den Pferdebauch heranrotiert. Ist dann alles in Ordnung, „atmet" er wieder nur sanft anliegend mit dem Bauch mit.

Nun stellen Sie sich auch noch vor, Sie wären ein Pferd und im wahrsten Sinne des Wortes ein „Gebißträger". Viel Metall im Mund ist schon keine sehr beglückende Vorstellung. Wie unangenehm muß es erst sein, wenn diese Metallteile bei jeder Richtungsänderung einseitig und ankündigungslos durch den Mund gezogen werden!

Wenn aber der Sitz des Reiters durch die Reiter-Drehung und durch die Außen-Dehnung ganz eindeutig Biegung ankündigt und Pferdekopf und -schultern in gleichmäßig elastischer Verbindung mit beiden Händen in die Wendung hereingeführt werden, dann wird das Pferdeleben gleich viel erträglicher.

WENN DER KREIS ZUR ELLIPSE WIRD

Wir haben durch die Reiter-Drehung und die Außen-Dehnung eine eindeutig biegende Position eingenommen, aber wir sind noch völlig unbeweglich - ein Reiterstandbild. Die Pferdebewegungen bleiben uns auch in der Biegung erhalten, also werden wir auch hier unsere bewährten Schwingbewegungen anwenden können. Allerdings wird die starke Dehnung auf der Außenseite unseren Schwingkreis derart „dehnen", daß aus dem Kreis eine Ellipse wird. Wir schwingen daher außen in Form einer liegenden Ellipse.

Unser äußeres Bein liegt schon ein wenig hinter dem Gurt, und durch das weite ellipsenförmige Zurückschwingen der Hüfte, das gleichzeitig auch ein Nach-hinten-Sinken des Beines ist, können wir das äußere Pferde-Hinterbein besonders gut „erfassen", beziehungsweise überwachen.

Auf der Innenseite brauchen wir in der Biegung besonders viel Dynamik, viel höhere Tritte, daher schwingen wir innen in Form einer stehenden Ellipse. Durch diesen Trick können wir innen und außen abwechselnd im gleichen Takt schwingen und dabei außenseitige Dehnung mit innenseitiger vermehrter Aktivität verbinden.

Wenn wir besonders effizient schwingen wollen, Was auf der Innenseite in der Biegung der Fall ist, dann müssen wir die Beckenschaukel dort besonders aktivieren. Durch die Drehung im

Judith versucht Billy biegend zu reiten, aber der Haflinger beschwindelt sie geschickt und setzt den inneren Hinterfuß steif und nicht tragend unter. (Foto Jarc)

Unterbauch fühlen sich die geraden Bauchmuskeln etwas behindert und können den schweren Job des biegenden Schwingens alleine nicht bewältigen. Wer kann helfen? Die inneren schrägen Muskeln im Unterbauch sind die Retter in der Not. Wir benützen diese Schrägen also gleich in zweifacher Form: einerseits zur Drehung und andererseits als Unterstützung beim Schwingen.

Jetzt hat es Judith gleich geschafft. Sie sitzt zwar noch ein wenig nach außen, aber Billy geht schon ziemlich gebogen. (Foto Jarc)

*Ü 25: Biegend schwin-
gen auf der Innenseite in
einer Linksbiegung.
Aktives Beckenschwin-
gen mit aktiver Wade.*

Ü 25: Biegend schwingen auf der Innenseite

Am Ball: Sitzen Sie korrekt aufgerichtet, Schultergürtel und Kopf im Gleichgewicht, die Füße halten den vollen Bodenkontakt, Arme und Hände in Zügelposition.

Beginnen Sie schräg unten im Bauch mit der Reiter-Drehung und dehnen Sie deutlich außen den Ansatz des Beines, dadurch rutscht der Außenschenkel automatisch nach hinten.

Nun schwingen Sie auf der Innenseite in Form einer stehenden Ellipse bewußt dynamisch und fordernd, das heißt, verstärken Sie den unteren Teil des Schwunges, das Vorwärts, und ziehen Sie betont aufwärts durch eine besonders aktive **Beckenschaukel.** Sie müssen von vornherein „Dampf machen", denn nur damit regen Sie das Pferd zu aktiven, federnden Tritten an. Rotieren und massieren Sie auch im Takt der Pferdebewegung die gespannte Wade an den Pferdebauch heran, und zwar im Moment des betonten Vorwärts-Aufwärts-Schwunges - dann sofort wieder locker lassen.

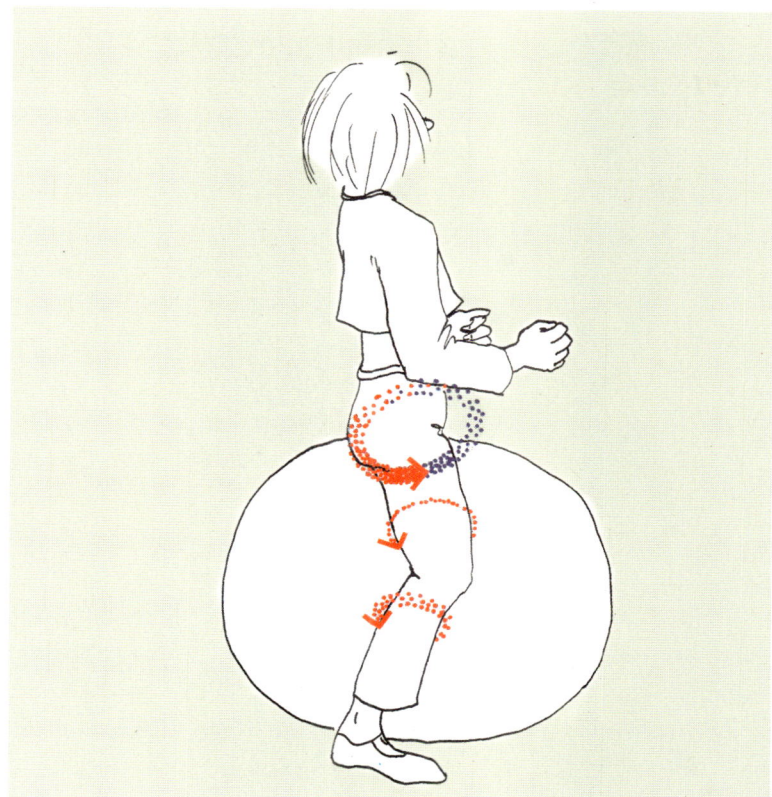

Ü 26: Biegend schwingen auf der Außenseite in einer Linksbiegung. Dehnen Sie dabei die Innenseite des äußeren Oberschenkels.

Ü 26: Biegend schwingen auf der Außenseite

Am Ball: Sitzen Sie wie oben. Die Außenpartie des Pferdes ist durch die Dehnung länger geworden und Sie sollen sich anpassen, also schwingen Sie außen in Form einer liegenden Ellipse. Dehnen Sie dabei deutlich im Ansatz des Beines und lassen Sie Ihr äußeres Hüftgelenk dabei bewußt nach hinten absinken.

Betonen Sie das Dehnen und den nach hinten verlaufenden Teil des Schwunges, das Absinken. Wenn sich das äußere Hinterbein Ihres Lieblings still und heimlich verabschieden will, dann erfassen Sie den Ausreißer durch ein deutliches Vorwärts.

Also zuerst dehnen und sinken lassen, dann aktive Beckenschaukel im unteren Teil der Ellipse – das Vorwärts betonen. Dazu rotieren Sie auch den Unterschenkel, der normalerweise nur überwachend anliegt, mit gespannter Wade an den Pferdebauch heran. Sofort wieder locker lassen und neu beginnen.

Wir kommen nun zur Königsdisziplin: dem beidseitigen, gleichzeitigen Schwingen in der Biegung. Wenn Ihnen diese komplizierte Bewegungskombination auch nur annähernd gelingt, dann sind Sie auf dem richtigen „Reiterweg" angelangt.

Ü 27: Biegend schwingen auf der Innen- und Außenseite

Am Ball: Sitzen Sie korrekt aufgerichtet, Schultergürtel und Kopf im Gleichgewicht, die Füße halten den vollen Bodenkontakt, Arme und Hände in Zügelposition.

Beginnen Sie schräg unten im Bauch mit der Reiter-Drehung und dehnen Sie deutlich außen den Ansatz des Beines, dadurch rutscht der Außenschenkel automatisch nach hinten.

Kombinieren Sie die beiden Schwing-Bewegungen, also innen stehende Ellipse mit Vorwärts-Aufwärts-Schwung mit außen liegender Ellipse mit Dehnen und Sinken-Lassen.

Achten Sie darauf, daß Sie innen und außen abwechselnd im gleichen Takt schwingen.

Bedenken Sie, daß Sie auch beim biegenden Schwingen eine deutliche Schokoladenseite haben, und wechseln Sie daher immer wieder die Biegung.

Ob Seitengänge, Hinterhandwendungen oder Pirouetten, alle diese Übungen beruhen auf einer perfekten Biegung und sind, wenn man diese verflixt schwierige Lektion einmal geschafft hat, gar nicht mehr so schwer nachzureiten. Wahr ist leider aber auch, daß sich jedes Pferd immer wieder vor der Biegearbeit drücken will und damit dem Reiter das Leben schwer macht.

Wie verhält man sich, wenn man das Gefühl hat, hilflos und einwirkungslos auf einer Eisentraverse zu sitzen? Man kontrolliert seinen Sitz! Hat das Pferd bereits etwas Oberwasser, weil es ihm gelungen ist, seinen Reiter nach außen zu setzen, dann reagieren schwache Reiter unglücklicherweise mit Schief-Hängen oder knicken in der Hüfte oder in der Taille ein, um scheinbar wieder ins Gleichgewicht zu kommen - was ihnen so nicht gelingen kann. Sind der Sitz und das Gleichgewicht erst einmal verloren, dann fangen nur noch die Beine die Pferdebewegungen ab – der Klammeraffe schlägt voll zu, und von Biegung kann überhaupt keine Rede mehr sein.

Bleibt man hingegen unerschütterlich in aufrechter Position, setzt sich immer wieder zurück auf dieses steife, stoßende innere Hinterbein und treibt es biegend schwingend solange geduldig unter den Schwerpunkt, bis es dort auch das Reitergewicht federnd übernehmen kann – dann, liebes Pferd, hast du kaum eine Chance, es dir bequem zu machen! Hat das schlaue Pferd jedoch gewonnen und übt mit seinem befreiten Hinterbein bereits Spagat, dann muß es sich, um nicht auf die Nase zu fallen, am diagonalen Zügel abstützen.

Spätestens jetzt, wenn von einer weichen elastischen Verbindung keine Rede mehr sein kann, müßte es auch dem schwächeren Reiter auffallen, daß er nur noch mit einem „Dreibein" unterwegs ist. Jetzt hilft nur mehr eines: Den Sitz korrigieren und wieder von neuem beginnen.

Das besagte Bein als inneres Bein durch energisches, biegendes Schwingen untertreiben, aber ja nicht am Zügel herumziehen, denn mit dem Zügel kann man verloren gegangene Hinterbeine nicht einfangen.

EIN GALÖPP- CHEN IN EHREN

De la Guérnière über den Schulgalopp: *„Bei dieser Lektion muß das Pferd gewissermaßen in allen Gelenken federn und sowohl die Zuschauer als auch seinen Reiter durch die Schönheit seines Ganges bestechen."*

Ganz so ideal werden die ersten Galopp-Übungen sicher nicht gelingen. Je besser ein Pferd geritten ist, desto mehr springt es unter sein eigenes Gewicht, desto mehr trägt es, und umso angenehmer werden seine Sprünge sein. Anfänger bekommen in Reitschulen meist keine empfindlichen, gutgerittenen Pferde zugeteilt. Das bedeutet, daß sie zusätzlich zu ihren eigenen Balanceproblemen auch noch mit einem unangenehm holprigen Schulpferd-Galopp Bekanntschaft machen müssen.

Versucht man, ein Pferd im Galopp gerade vorwärtszureiten, dann wird man sehr bald feststellen, daß sich Pferde in dieser Gangart noch viel schiefer machen als sonst. Die Kruppe kann dabei sowohl nach außen wie auch nach innen ausfallen, nur gerade bleibt sie fast nie.

Die Fußfolge im Galopp:
Erste Phase:
äußeres Hinterbein springt ab
Zweite Phase:
diagonale Beinpaare setzen auf
Dritte Phase:
inneres Vorderbein setzt auf
Schwebephase:
alle vier Beine sind in der Luft

Linksgalopp Phase eins:
das äußere rechte Hinterbein springt ab.

Linksgalopp Phase zwei:
die diagonalen Beinpaare setzen auf.

Linksgalopp Phase drei:
das innere linke Vorderbein setzt auf.

Linksgalopp Phase vier:
Schwebephase

Galopp ist eine gesprungene Gangart und daher viel dynamischer als Schritt und Trab. Fällt beim schiefen Galopp die Kruppe nach einer Seite aus, dann sitzt der Reiter äußerst unbequem. Er befindet sich auf einem Schleudersitz, denn er ist in dieser Position ziemlich einwirkungslos und kann nur hoffen, daß sein Pferd das nicht ausnützt.

Aber schon die alten Meister wußten sich zu helfen. Biegung, das war die Lösung! Nur in der Biegung ist es möglich, sowohl das innere als auch das äußere Hinterbein ständig unter Kontrolle zu halten und zum Unterspringen unter das Gewicht zu bringen. Das bedeutet, daß wir die runden Schwingkreise, die wir im Schritt und im Trab auf geraden Linien anwenden, im Galopp nicht brauchen können. Wir müssen ständig biegend sitzen, also in Ellipsen schwingen, und zwar auch dann, wenn wir gerade vorwärtsgaloppieren wollen.

Jeder einzelne Galoppsprung vermittelt uns in schneller Folge vier verschiedene Sitzgefühle. Bekannt kommt uns dabei nur das trabähnliche Gefühl in der zweiten Phase vor, wenn die diagonalen Beinpaare aufsetzen – das ergibt ein Gefühl des tiefen entspannten Sitzens. Alle anderen Phasen befördern uns nicht nur hoch und schief, auf- und abwärts, sondern wir bekommen auch noch einen beachtlichen Ruck nach vorn beziehungsweise zurück, und dazu hebt und senkt sich jeweils eine Rückenpartie des Pferdes, und zwar mit einem beachtlichen Niveauunterschied.

Nicht genug damit, daß unter unserem Po die Hölle los ist, benötigt unser Pferd jetzt auch noch soviel Zügelfreiheit wie nie zuvor. Wo bleibt da das reiterliche Wonnegefühl, von dem *de la Guérnière* geschwärmt hat?

Das Problem beim Galopp liegt nicht im Erlernen einer neuen Bewegung - die Reitbewegungen sind uns bereits bekannt - sondern in der jetzt wieder auftretenden Unfähigkeit, locker zu lassen. Abgesehen von der Diagonalphase hat das Pferd in den drei restlichen Phasen immer nur ein Bein und in der Schwebephase sogar kein Bein am Boden. Das bedeutet, daß wir es plötz-

lich mit starken Schwerpunktverlagerungen zu tun haben, auf die wir entsprechend flott reagieren müssen. Zum seitlichen Schwanken des Pferderückens kommt jetzt noch ein schnell wechselndes, schaukelpferdartiges Hoch und Tief dazu – diese Kombination mit dem ständig biegenden Sitz wird für viele Reiter zum Problem.

Wären die Bauchmuskeln voll aktiv, und würde das Hüftgelenk durch ein gigantisches „Rundum-Öffnungsprogramm" alle diese Hoch-tief-Unterschiede schon an der Basis ausgleichen, dann wäre auch der Galopp leicht zu sitzen. Wird aber aus Unsicherheit nur ein wenig geklammert, dann kann das nicht funktionieren, und schon beginnt das große Oberkörper-Gewackle. Je unruhiger der Oberkörper aber wird, desto weniger kann das Öffnungsprogramm des Hüftgelenks und die Beckenschaukel funktionieren! Der Teufelskreis schließt sich und unser Klammeraffe ist voll aktiv.

Von einem Anfänger zu verlangen, daß er sofort die vier Phasen eines Galoppsprungs erfühlen solle, wäre wirklich übertrieben. Sogar die meisten fortgeschrittenen Reiter haben damit noch Schwierigkeiten.

Versuchen wir zuerst einmal eine theoretische Vorstellung zu bekommen, was in jeder Phase des Sprunges unter uns passiert. Mit diesem Wissen können wir uns dann allmählich am Pferd in diese Gangart hineinfühlen, die Sprünge kontrollieren und verbessern.

Bei jedem Galopp-Sprung des Pferdes schwingen wir jeweils eine volle Ellipse, und zwar abwechselnd auf der Innen- wie auch auf der Außenseite; in dieser Ellipse sind alle vier Phasen des Galoppsprunges enthalten. Natürlich sind die Ellipsen durch die Biegung wieder unterschiedlich: innen stehend, um den inneren Hinterfuß dynamisch untertreiben zu können, und außen liegend, damit sich das Pferd bequem dehnen kann.

Erste Phase - der Maßstab für die **Qualität des Galopps:** Wenn das äußere Hinterbein weit unter das Gewicht des Pferdes springt, Gewicht übernimmt, trägt und kraftvoll abfedert, dann wird das ein erstklassiger, gesetzter, federnder Galopp - ganz im Sinne von *la Guérnière*. Rappelt sich das nachgeschleppte äußere Hinterbein aber nur zu einem müden, schiefen, kleinen Hüpferchen auf, dann „verhungert" der Reiter allmählich bei diesem Hoppelgalopp.

Ein schläfriges äußeres Hinterbein können wir nur durch einen besonders deutlichen Vorwärtsschwung erfassen. Der äußere Unterschenkel, der normalerweise nur sanft mit dem Pferdebauch mitatmet, muß dazu auch voll aktiv werden und sich mit gespannter Wade an den Pferdebauch heranrotieren. Sollte sich unser Pferd sehr taub stellen, dann können wir auch noch mit einem kleinen Sporenstich nachhelfen: „Aufwachen, Freundchen, hier wird nicht geschlafen!"

Zweite Phase - die bequeme: Jetzt sitzen wir sehr bequem, denn wir sind am tiefsten, entspanntesten Punkt unseres Sprunges angelangt. Wir treiben in dieser Phase das innere Hinterbein unter das Gewicht.

Dritte Phase - die unbequeme: Das innere Vorderbein setzt allein weit vorne auf, dabei wird unsere Balance auf eine harte Probe gestellt. Ein gewaltiger Schub kommt von hinten. Wir werden ausgehoben, tiefer, stabiler Sitz ade, und dazu geht es auch noch bergab.

Gerade jetzt braucht das Pferd auch noch mehr Zügelfreiheit zum Nicken - wie können wir mit all dem fertigwerden? Ganz einfach: wir kratzen allen Mut zusammen und öffnen gleichzeitig das Hüft- und das Schultergelenk. Die Arbeit des Reiters im Galopp besteht keineswegs darin, nur die Hinterbeine unterzutreiben, sondern er muß besonders in Phase drei und vier trotz aller Balanceprobleme das Hüftgelenk **extrem** rundum lösen. Wer nur verschreckt und untätig herumsitzt, verwandelt sich ganz automatisch zurück in einen Klammeraffen. Dann fühlt sich das Pferd behindert, es galoppiert schwung- und ausdruckslos, man sagt dazu auch „kratzend" oder „in den Boden hinein".

Durch die Dynamik der Sprünge muß auch das Rundum-Öffnen des Schultergelenks besonders aktiv ausfallen, so daß unsere Arme in weicher Anlehnung an das Pferdemaul mitschwingen können.

Vierte Phase - die Schwebephase:
Jetzt ist unser Pferd sogar mit allen vier Beinen in der Luft. Auch diese Phase vermittelt kein ideales Sitz- und Reitgefühl, und trotzdem müssen wir unserem Pferd dabei durch Popo extra light besonders viel Platz machen. Schließlich ist es gerade dabei, alle seine Beine in die richtige Position für den nächsten Sprung zu bringen.

Diese Schwebephase ist der Moment, in dem das Pferd beim fliegenden Wechsel seine Beine völlig neu sortiert, wenn es sich beispielsweise vom Links- auf den Rechtsgalopp umstellt. Daß es dabei vom Reiter nicht gestört werden möchte, ist wohl sonnenklar. Jede Reitweise verwendet etwas unterschiedliche Signale, um sich dem

Pferd möglichst klar verständlich zu machen. Der Westernreiter verlegt beispielsweise beim Angaloppieren sein Gewicht leicht nach außen, stellt eventuell auch das Pferd nach außen und treibt mit dem äußeren Schenkel am Sattelgurt. Weil diese Signale sehr deutlich sind, wird das Pferd wahrscheinlich richtig angaloppieren. Auf Biegung, Geraderichten oder Schwung wird dabei weniger Wert gelegt.

Unsere Reitweise ist zwar schwierig zu erlernen, läßt aber später mehr Entwicklungsmöglichkeiten zu.

Durch die biegende Position verlagert sich unser Außenschenkel auch nach hinten, und das hat für das Pferd ebenfalls eine gewisse Signalwirkung, aber wir „starten" unseren Galopp durch einen verstärkten Vorwärts-aufwärts-Schwung der inneren Hüfte und bleiben dabei immer im Gleichgewicht.

Es genügt uns nicht, daß unser Pferd nur angaloppiert, wir möchten, daß das schwungvoll und in Biegung geschieht, und dadurch ist das korrekte Angaloppieren bereits eine ziemlich anspruchsvolle Lektion.

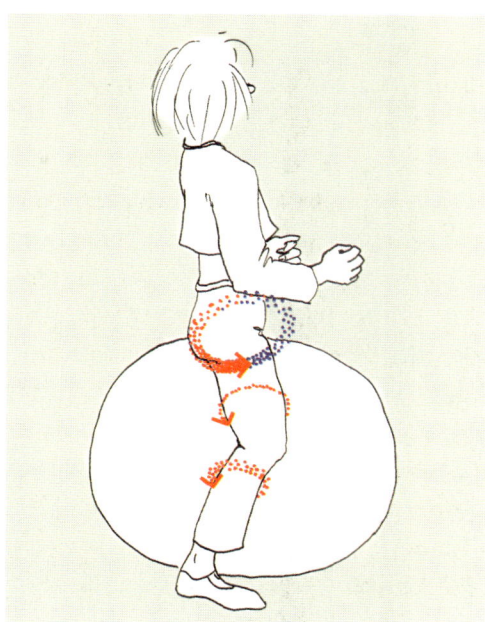

Ü 28a: Angaloppieren auf der Außenseite im Linksgalopp.

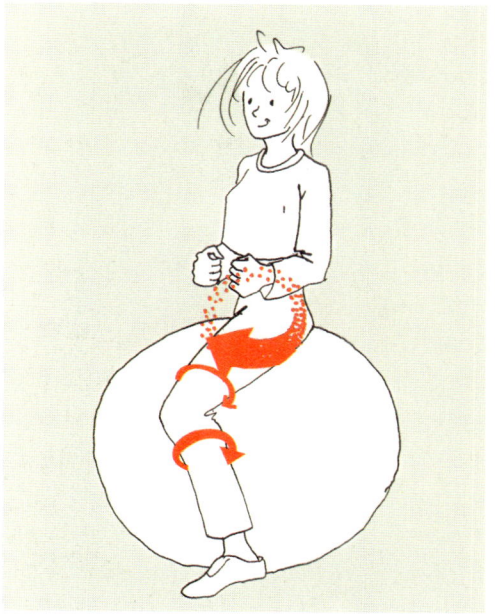

Ü 28b: Angaloppieren auf der Innenseite im Linksgalopp durch einen besonders aktiven Beckenschwung.

Ü 28: Angaloppieren

Am Ball: Sitzen Sie korrekt aufgerichtet, Schultergürtel und Kopf im Gleichgewicht, die Füße halten den vollen Bodenkontakt, Arme und Hände in Zügelposition. Kündigen Sie dem Pferd den Galopp an, indem Sie die biegende Position einnehmen:

Beginnen Sie unten im Bauch mit der Reiter-Drehung und „führen" Sie dabei die Vorhand des Pferdes mit beiden Händen ein wenig nach innen. Dehnen Sie deutlich außen den Ansatz des Beines, also die Innenseite des Oberschenkels.

Dadurch rutscht der Außenschenkel automatisch nach hinten; unterbrechen Sie dabei aber nicht den Takt des Mitschwingens. Die Schwingkreise werden zu Schwing-Ellipsen. Kontrollieren Sie das äußere Pferde-Hinterbein! Holen Sie es, wenn nötig, durch ein verstärktes Vorwärts-Schwingen im unteren Teil der Ellipse unter den Sitz und rotieren Sie dazu auch noch den äußeren Unterschenkel ans Pferd.

Erst dann geben Sie den endgültigen Befehl zum Angaloppieren. Betonen Sie dazu innen den unteren Teil der stehenden Ellipse durch eine besonders aktive Beckenschaukel, und schon springt Ihr Pferd in einen schwungvollen Galopp ein – fast so, wie *de la Guérnière* es beschrieben hat.

Bei einem Reiter mit „Handbremse", also blockiertem Schultergelenk, kann schon das Angaloppieren nicht richtig funktionieren, weil das Pferd bereits beim ersten Sprung zu wenig Zügelfreiheit hat. Es bewegt sich in der Folge nicht mit ausdrucksvollen Sprüngen vorwärts, sondern hoppelt wie ein Hase dahin.

Die Bezeichnung Rechts- oder Linksgalopp sagt nicht aus, in welche Richtung man reitet, sondern gibt nur an, welches Vorderbein in Phase drei auffußt. Geben wir eine falsche Galopphilfe oder reiten wir mit Außenstellung oder verlagern wir unser Gewicht unbeabsichtigt auf die Außenseite, dann galoppiert unser Pferd zwar an, aber wir spüren, daß etwas nicht stimmen kann. „Falscher Galopp!" tadelt der Reitlehrer. Gleichzeitig brilliert ein Könner mit scheinbar derselben Lektion, aber bei ihm heißt der „falsche" Galopp Kontergalopp. Ist das nicht etwas verwirrend?

Konterlektionen dienen vorwiegend als Korrekturmittel und kommen für uns vorläufig noch nicht in Frage. Man verbessert damit die Versammlung und korrigiert die natürliche Schiefe. Alle Konterlektionen sind für das Pferd besonders in den Wendungen ziemlich anstrengend und sollen immer nur kurz und in entsprechender Versammlung geritten werden, weil sonst Schäden an Sehnen und Bändern auftreten können.

Ü 29: Galopp

Am Ball: Wenn Ihr Pferd wie oben in Ü 28 angaloppiert ist, dann müssen Sie alles daransetzen, den Schwung und die Dynamik der Sprünge zu erhalten.

Dazu müssen Sie bei jedem Sprung beide Hinterbeine zumindest animieren, wenn nicht untertreiben, und gleichzeitig ihr Hüft- und Schultergelenk immer wieder extrem rundum lösen.

Das äußere Hinterbein „erfassen" Sie immer im Moment des Nach-hinten-Schwingens und Absinken-Lassens. Dazu rotieren Sie bei Bedarf auch noch den äußeren Unterschenkel von hinten kommend ans Pferd. Das wäre Phase eins des Galoppsprunges.

Unmittelbar danach - fast schon ineinander übergehend - ermuntern Sie das innere Hinterbein durch eine verstärkte Beckenschaukel.

Betonen Sie dabei den unteren Teil der stehenden Ellipse und auch den Aufwärts-Teil.

Rotieren Sie gleichzeitig die gespannte Wade des inneren Unterschenkels an den Pferdebauch heran - das ist Phase zwei des Galoppsprunges.

Danach, in Phase drei und vier, lösen Sie nur noch Ihr Schulter- und Ihr Hüftgelenk und kreisen und lösen auch in alle anderen Gelenke wie Ellbogen- und Handgelenk, Knie- und Fersengelenk und federn im Steigbügel aus. Dann beginnt wieder Phase eins, das

Linksgalopp, zweite Phase: Die diagonalen Beinpaare sind am Boden.
Judith auf Maraike La Vite. (Foto Sogl)

Aktivieren des äußeren Hinterbeines.
Auch im Galopp werden Sie eine deutliche Schokoladenseite haben, üben Sie
daher immer beidseitig.

Rechtsgalopp. Gleiche Phase, wieder sind die diagonalen Beinpaare am Boden. Nina auf Karneol. (Foto Kremser)

„Nicht Sie sollen galoppieren, sondern das Pferd!" wird ein Reiter ermahnt, der mit pumpenden Oberkörper-Bewegungen versucht, sein dahinhoppelndes Pferd vorwärts zu bekommen. Das wird ihm aber nicht gelingen, weil er gleichzeitig klemmt. „Nicht nach hinten hinaus, nach vorne sollen Sie galoppieren!" Dieser Reiter wieder schiebt, weil er mit seinen Bauchmuskeln offenbar nicht zurecht kommt, das Gesäß nach hinten hinaus ins Hohlkreuz. Hochgezogene Absätze, klammernde Knie, runder Rücken, nach vorne gekippte Schultern, starre Hände - das alles ist jetzt wieder zu sehen, denn der Galopp fühlt sich anfangs eben gefährlich an. Dagegen hilft nur eines: der felsenfeste Entschluß, sich von diesen Sprüngen nicht kleinkriegen zu lassen, sondern bewußt irrational zu handeln: **Immer dann, wenn es am unbequemsten ist, entspanne ich mich!** Wer diese Philosophie in die Tat umsetzen kann, und wem es gelingt, in Phase eins und zwei die Hinterbeine seines Pferdchens zu mobilisieren und trotz aller Widerwärtigkeiten in Phase drei und vier aufrecht und locker zu bleiben, der ist dem Genuß, wie ihn *la Guérnière* beschrieben hat, bald auf der Spur.

Im Gelände wird auch im Galopp nicht ausgesessen, sondern bei etwas kürzer geschnallten Bügeln wird das Gewicht vermehrt in den Steigbügel verlegt, so daß man eher steht als sitzt. Grundsätzlich ist es egal, ob Sie im Gelände Links- oder Rechtsgalopp reiten, wichtig ist nur, daß Sie immer wieder wechseln, auch wenn Ihnen Ihr Pferd scheinheilig immer wieder seinen Lieblingsgalopp anbietet.

RÜCKEN-FREIHEIT
#
LEICHT-REITEN
#
SPRINGEN

Im Schritt wird immer ausgesessen, Trab und Galopp reitet man nur in der Bahn ausgesessen. Im Gelände, wo es über Stock und Stein gehen kann, werden Mischformen zwischen Sitzen und Stehen gewählt, die den Pferderücken entlasten und dem Pferd mehr Bewegungsfreiheit erlauben.

In England erfand man das Leichtreiten. Auf dem Kontinent wurde früher sowohl im Trab als auch im Galopp nur ausgesessen. Erst Ende des 19. Jahrhunderts erkannnte man dann auch in Frankreich und Preußen, welche Vorteile diese „revolutionäre Reitweise", so nannte man sie damals, vor allem im Gelände hatte, und führte sie bei der Militärausbildung ein.

„Kein ruckartiges Hoch in die Luft und zurück, sondern ein sanft wiegendes Auf und Vorwärts" so beschrieb Bertalan de Nemethy, ein bekannter Ausbilder, das Leichttraben. Trotzdem gab es schon damals und gibt es auch heute noch eine Unzahl von Fehlinterpreten: die „Hoch- & Plumps-Reiter". Mit einem Ruck reißen sich diese Spezialisten senkrecht hoch und halten sich dabei fest am Zügel an. Dann rutschen ihnen die Füße nach vorne weg, sie verlieren die Balance und fallen beim nächsten Takt schwer plumpsend mit dem vollen Gewicht auf den Pferderücken zurück. Um sich vor dieser schmerzhaften Plumpserei einigermaßen zu schützen, spannen die Pferde ihre Rücken-

Leichttraben - ein sanft wiegendes Auf und Vorwärts.
Judith auf Wotan. (Foto Jarc)

muskulatur fest an, was natürlich nicht gesund ist - von schonendem, entlastendem Reiten kann keine Rede mehr sein.

Im Trab hebt beziehungsweise senkt sich abwechselnd je eine Seite des Pferderückens. Immer dann, wenn wir vom Pferd nach oben mitgenommen werden, federn wir uns beim korrekten **Leichttraben** ein wenig in den Steigbügeln ab und verstärken mit unseren Bauchmuskeln den Aufwärtsteil eines Schwingkreises. Wir ziehen uns dabei mit den Bauchmuskeln so hoch, daß wir den nächsten Takt nicht mehr am Sattel,

sondern „schwebend" über dem Sattel verbringen. Erst beim nächstfolgenden Takt lassen wir uns wieder sanft in den Sattel zurückgleiten. Dadurch, daß wir niemals wirklich aufstehen, sondern nur ein wenig abheben, können wir uns auch nicht schwer niedersetzen - alles ist nur ein Schwingen *„sanft wiegend auf und vorwärts"*.

Für alle Formen des rückenentlastenden Reitens gilt: **Es wird genauso geritten, als säße man voll im Sattel.** Wir schwingen mit und wir sitzen in den Wendungen biegend.

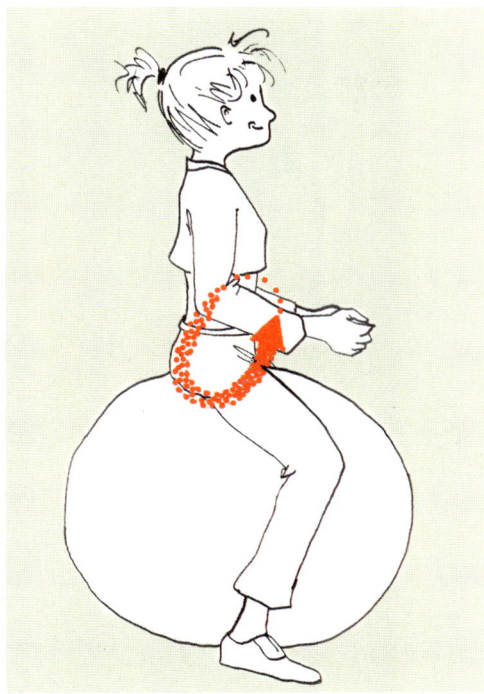

Ü 30: Leichttraben

Ü 30: Leichttraben

Am Ball: Sitzen Sie korrekt aufgerichtet, Schultergürtel und Kopf im Gleichgewicht, die Füße halten den vollen Bodenkontakt, Arme und Hände in Zügelposition. Schwingen Sie im Trab.

Nun verstärken Sie den Aufwärtsteil eines Schwingkreises durch eine besonders aktive Beckenschaukel. Sie heben dabei etwas vom Ball ab. Dann lösen Sie und lassen sich dabei weich auf den Ball zurückgleiten, und sofort kommt wieder die nächste aktive Beckenschaukel.

Im Gelände ist es egal, auf welchem Fuß man zu reiten beginnt. Wichtig ist nur, daß man immer wieder wechselt und nicht immer nur ein diagonales Beinpaar durch das Niedersetzen belastet. Man wechselt, indem man einen Takt zusätzlich aussitzt.

Viel schwieriger ist es, den sogenannten „richtigen" Fuß in der Reitbahn zu erwischen. In Österreich und in Deutschland äugen die Anfänger angestrengt nach dem äußeren Vorderfuß. Tritt er vor, dann müssen sie sich „hochschwingen", dadurch entlasten sie das innere Hinterbein.

In manchen anderen Ländern, beispielsweise in England, wird genau umgekehrt geritten.

Am Anfang einer Reitstunde lockern wir das stallsteife Pferd zuerst durch das Abgehen am langen Zügel und dann durch Leichttraben. Dabei behalten wir natürlich die normale Bügellänge.

Bei einem Geländeritt hingegen werden wir zirka zwei Loch kürzer schnallen. Haben wir aber die Absicht, dabei auch noch zu springen beziehungsweise bergauf und bergab zu klettern, dann könnten wir sogar drei bis vier Loch kürzer schnallen.

Den **leichten Sitz** brauchen wir sowohl für das Springen als auch für das anspruchsvolle Gelände. *„Im leichten Sitz wird gecantert, geklettert und gesprungen. Der Oberkörper ist mehr oder weniger vornübergeneigt, das*

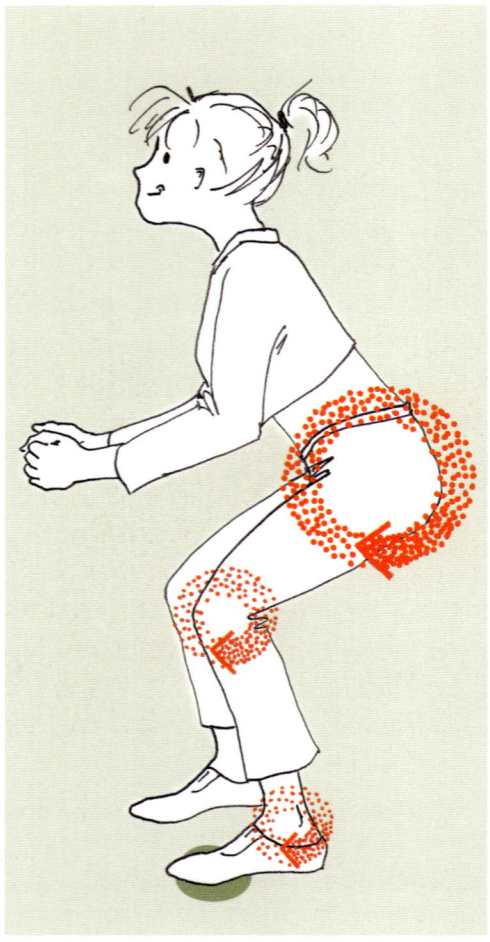

Ü 31: Leichter Sitz

Hüft- und Kniegelenk müssen in dieser ständigen Stehsituation alle Bewegung abfedern.

Ü 31: Leichter Sitz

Stehend: Stehen Sie breitbeinig, korrekt aufgerichtet, Schultergürtel und Kopf im Gleichgewicht, Arme und Hände in Zügelposition. Die normale, lockere Kniestellung genügt nicht mehr - Sie müssen jetzt extrem ins Knie gehen. Halten Sie dabei aber immer vollen Bodenkontakt! Je tiefer Sie ins Knie gehen, desto mehr neigt sich Ihr Oberkörper nach vorne, und die Ellbogen nähern sich den Oberschenkeln.

Verlegen Sie mehr Gewicht auf die Zehenballen – das sind am Pferd die Steigbügel – nehmen Sie eine biegende Position ein und galoppieren Sie, das heißt: schwingen Sie in der Luft dahin und federn Sie dabei im Hüftgelenk und in allen Beingelenken.

Gesäß entsprechend nach hinten verlagert (Gleichgewicht). Der Schwerpunkt des Reiters stimmt somit mit dem des Pferdes überein." (Müseler)

Nun ist der Moment gekommen, in dem wir uns von unserem Ball verabschieden müssen und stehend in bescheidenem Maß die Reitsituation imitieren können.

Beim **Bergaufklettern** arbeiten Hinterhand und Rückenmuskulatur des Pferdes besonders aktiv. Wir verlegen unser Gewicht daher in die Steigbügel und stehen im leichten Sitz mit sehr tief federnden Absätzen, schwingenden Gelenken, leicht vorgeneigtem Oberkörper und geben dem Pferd absolute Rücken- und Zügelfreiheit. Für das Pferd macht es einen wesentlichen

„Ist das aber steil!" Judith gibt dem kletternden Billy volle Bewegungsfreiheit. (Foto Jarc)

Unterschied, ob wir die Schenkel nur angelegt haben und in allen Gelenken mitschwingen, oder ob wir uns mit den Schenkeln anhalten. Bei Balanceproblemen ist es viel vernünftiger, sich nicht mit den Beinen anzuklammern, sondern sich seitlich mit beiden Händen am Pferdehals abzustützen – natürlich bei hingegebenem Zügel – dadurch fühlt sich unser vierbeiniger Partner nicht behindert.

Wir können auch in den mittleren Teil der Mähne hineinfassen, das vermittelt uns ebenfalls ein Gefühl der Sicherheit

und beeinträchtigt das Pferd kaum in seiner Bewegungsfreiheit.

Beim **Bergabreiten** setzt unser Pferd die Hinterhand unter Umständen noch extremer ein als beim Bergaufklettern und benötigt dafür ebenfalls völlige Rückenfreiheit. Es muß auch die Möglichkeit haben, den Hals zu strecken, zu heben oder zu senken, um sich so besser im Gleichgewicht zu halten. Im wenig steilen Gelände ist das kein Problem, wenn es allerdings extrem bergab geht... Weicht die Hinterhand des Pferdes im steilen Gelände seitlich ab, kann das

Pferd das Gleichgewicht verlieren, abrutschen oder stürzen. Daher soll man beim Bergabreiten sein Pferd unbedingt gerade halten und senkrecht bergab reiten. Wir stehen dabei wieder mit dem vollen Gewicht in den Steigbügeln, mit sehr tief federnden Absätzen, schwingenden Gelenken, leicht vorgeneigtem Oberkörper, und geben dem Pferd absolute Rückenfreiheit. Gleichzeitig müssen wir aber darauf achten, unser Pferd gerade zu halten! Dieses schwierige Werk vollbringen unsere Schenkel, die führen und dirigieren, aber nicht klammern dürfen, und die Zügel, die Halsfreiheit geben sollen, aber doch Kontakt halten müssen – eine Gratwanderung!

Hohes Tempo verlagert den Schwerpunkt des Pferdes immer nach vorne, was auf der Rennbahn deutlich zu sehen ist. Die Bügel werden ganz kurz geschnallt und der Reiter neigt seinen Oberkörper entsprechend nach vorne. Der Sattelkontakt geht dabei fast vollständig verloren – das konstant hohe Tempo verlangt es so. Ganz anders sind die Verhältnisse beim Springen.

„Ein guter Sprung hängt ab von der Fähigkeit des Reiters, das Pferd im richtigen Schwung, Tempo und Gleichgewicht in die korrekte Absprungzone zu reiten. Das Verhältnis dieser drei Faktoren Schwung, Tempo, Gleichgewicht kann an sich variieren. Das Tempo mag sehr mäßig sein, wenn der Schwung stark genug ist, und selbst das Gleichge-

wicht mag etwas mangelhaft sein, wenn die Kombination von Tempo und Schwung dem zu springenden Hindernis angepaßt ist. Es folgt daraus, daß der Sitz des Reiters und seine Fähigkeit, auf das Pferd korrekt einzuwirken, während des Anreitens viel wichtiger ist als seine Haltung während der Flugphase selbst." (Steinkraus)

Das Reiten zwischen den Hindernissen wird etwas unterschiedlich gehandhabt. In Deutschland beispielsweise bevorzugt man einen annähernd ausgesessenen Stil – selbstverständlich mit kurz geschnallten Bügeln – in England hingegen reitet man vorwiegend nur im leichten Sitz. Im Absprungmoment geht aber jeder Reiter in den leichten Sitz über, um dem Pferd volle Rückenfreiheit zu geben. Das Pferd muß sich beliebig, ganz nach seiner Fasson, über dem Sprung strecken können – „baskulieren" ist dafür der Fachausdruck. Der Reiter sollte sein Pferd nicht nur zwischen den Hindernissen im erforderlichen Tempo mit dem nötigen Schwung vorwärtsreiten können, sondern auch noch soviel Balancegefühl besitzen, daß er sein Pferd weder beim Absprung noch in der Flugphase und auch nicht bei der Landung behindert.

Diese „Flugposition" des Reiters, das Mitgehen mit der Bewegung - das Anpassen des menschlichen Schwerpunktes an den des Pferdes – nennt Eva „Klappmesser".

Riffal baskuliert vorzüglich über dem Sprung, Judith gibt ihm trotz etwas zu hoher Hand und zurückgerutschten Schenken volle Rücken- und Zügelfreiheit. (Foto Jarc)

Ü 32: Springen – das Klappmesser

Stehend: Nehmen Sie wie oben in Übung 31 den leichten Sitz ein und schwingen und federn Sie im Galopp.

Nun kommt der Moment des Absprungs: Federn Sie in diesem Moment im Hüftgelenk und in den Beingelenken tief hinunter, öffnen Sie dabei Ihr Hüftgelenk nicht nur rundum, sondern lassen Sie dabei auch Ihren Po entspannt nach hinten sinken.

Durch das Tief-Federn in allen Gelenken neigt sich Ihr Oberkörper ganz automatisch ein wenig nach vorne und Sie können mit den Armen volle Zügelfreiheit geben.

Richten Sie sich wieder auf und schwingen und federn Sie wieder weiter im Galopp.

„Unter manchen erfahrenen Reitern scheint die Idee beharrlich Fuß gefaßt zu haben, es sei nötig, daß der Reiter irgend etwas 'tue' im Moment, da das Pferd vom Boden abspringt. Diese hartnäckige Idee ist auch eine sehr schädliche Idee, denn sie setzt beim Reiter voraus, daß er peinlich genau im richtigen Moment etwas – oder mehreres – tut, was er an sich gar nicht tun müßte. Lange war dies auch meine Idee. Ich konnte nicht glauben, daß ein Pferd fähig sein sollte, vom Boden abzuspringen ohne irgendeine – mindestens eine ganz kleine 'Hilfe' meinerseits. 'Er ist größer als du – versuch nicht, ihn zu tragen, mach, daß er dich trägt!' ist ein Rat, den ich nie mehr vergessen werde, nachdem er mir an einer Reihe heißer

Sommernachmittage vor ein paar Jahren von Morton (Cappy) Smith mit zunehmender Ungeduld etliche Male zugerufen worden ist. Schließlich begriff ich, und ich bin meinem Lehrer noch heute dankbar, daß er mir diesen vernünftigen Grundsatz eingehämmert hat.

Genaugesagt tut der Reiter rein nichts, wenn das Pferd springt. Ich bin überzeugt, daß nicht das geringste nötig ist - nicht einmal ein klein bißchen Entspannung oder ein bißchen zusätzlichen Drucks mit dem Schenkel. Wenn die Haltung des Reiters beim Anreiten in Ordnung ist, das heißt, wenn er im Gleichgewicht sitzt, wird der Schub des zum Flug ansetzenden Pferdes automatisch seinen Sitz 'schließen'. " (Steinkraus)

William Steinkraus, selbst ein hervorragender Stilist, hat sicherlich recht mit der Behauptung, daß eine perfekte Haltung im Moment des Anreitens auch ganz automatisch die richtige Haltung in der Flugphase ergeben würde.

Aber wer ist schon perfekt? – ein Anfänger ganz bestimmt nicht. Springen ist immer ein wenig aufregend, und Spannung bedeutet dann leider auch oft Verspannung.

Ein verspannter Reiter ist aber beim Springen für das Pferd genauso behindernd wie beim Dressurreiten. Üben Sie daher lieber auch das Klappmesser, obwohl die kuschelige Wohnzimmersituation scheinbar meilenweit von der dynamischen Springsituation entfernt zu sein scheint.

ZUM AUSSCHWUNG

Wir sind nun am Ende der Basisausbildung angelangt. Alle höheren Lektionen, zum Beispiel Seitengänge, Pirouette, Piaffe und Passage beruhen, egal, wie erhaben sie auch klingen mögen, auf den Reitbewegungen, die wir in diesem Buch erarbeitet haben, und stellen nur Verfeinerungen beziehungsweise neue Kombinationen dieser Reitbewegungen dar. Wer Basisfehler mit sich herumschleppt, kann weder beim Reiten noch in einer anderen Sportart wirkliche Fortschritte erzielen.

Reiten ist ein ständiges Vor und Zurück. Immer dann, wenn unser Pferd nicht mehr schwungvoll vorwärts geht, wenn Lektionen nicht mehr gelingen, dann ist es wieder soweit: **Zurück zu den Anfängen!** Nur die Rückkehr zur korrekten Basisarbeit kann immer wieder unsere Rettung sein, egal, ob es sich um Widerstände bei der Dressurarbeit, Probleme beim Springen oder um Ungehorsamkeiten im Gelände handelt. Haben wir dann – natürlich fast immer bei uns – den Fehler gefunden, geht es zwar wieder in Riesenschritten voran, aber bald kommt schon wieder der nächste Rückschlag – das gehört zum Reiten dazu! Trainieren Sie alle Übungen so lange, bis sie wirklich sitzen,

denn in kritischen Situationen bleibt keine Zeit zum Überlegen, man kann nur noch auf Automatisiertes zurückgreifen. Wenn Ihnen diese Bewegungen erst einmal so vertraut geworden sind, daß sie Ihnen in jeder Situation zur Verfügung stehen, dann wird Ihnen Reiten nicht nur viel Spaß machen, Sie haben zugleich auch viel für Ihre Sicherheit getan.

Erwarten Sie nicht, daß Ihnen am Pferd auf Anhieb alles gelingen wird. Selbst die allergeschicktesten Reiter haben Jahre gebraucht, um gut im Sattel zu sitzen – Sie haben sich leider einen ziemlich schwierigen Sport ausgesucht! Freuen Sie sich lieber über jeden, auch den kleinsten Fortschritt, denn Ihr Pferd freut sich mit Ihnen. Sie haben sich aber auch einen wunderbaren Sport ausgesucht, den Sie noch bis ins hohe Alter hinein ausüben können. Beim Reiten zählt noch die Erfahrung – ist das nicht eine tolle Sache?

Wenn Sie besondere Probleme haben, dann lassen Sie mich das bitte wissen – vielleicht kann ich Ihnen helfen. Meine Adresse können Sie über den Verlag erfahren.

Viel Erfolg beim Üben!

LITERATUR

Croix, O. de la: Natürliche Reitkunst. Olms Presse

Diacont, K.: Das Westernpferd, der Westernreiter. BLV Verlagsgesellschaft

Dietze, S. von: Balance in der Bewegung. FN Verlag.

Eggertsberger, G. H.: Power für den ganzen Tag. Orac Verlag

Feldenkrais, M.: Bewußtheit durch Bewegung. Suhrkamp

Guérinière F. R. de La,: Die Reitschule. Friedrich H. Stratmann Verlag

Horatschek, B. und R.: Fit durch Ismakogie – nach Prof. Anne Seidel. NP Verlag.

Kluger, Dr. R., Kristen, Dr. K.: Problemkreis Haltung.

l'Hotte, A. F.: Reitfragen. Olms Presse

Mairinger, F.: Reitkunst in Vollendung. Müller Rüschlikon

Müseler, W.: Reitlehre. Paul Parey Verlag

Parether, H., Pichler, B.: Ismakogie. Gesellschaft zur Förderung der Anne Seidel Ismakogie

Podhajsky, A.: Die klassische Reitkunst. Nymphenburger Verlagshandlung

Schusdziarra, H. und V.: Gymnasium des Reiters. Verlag Paul Parey.

Seunig, W.: Von der Koppel bis zur Kapriole. Olms Presse

Steinbrecht, G.: Gymnasium des Pferdes. Cadmos Verlag

Steinkraus, W.: Reiten und Springen. Albert Müller Verlag

Swift, S.: Reiten aus der Körpermitte. Albert Müller Verlag.

Wätjen, R.: Dressurreiten. Paul Parey Verlag

Die Aufnahmen für dieses Buch wurden in folgenden Reitställen gemacht; ich danke für die freundliche Unterstützung:

Museum Haus des Pferdes, Fam. Guster, Hof am Leithaberge

Reiterhof Mannswörth, L. Kühas und J. Bauer

Sabinenhof, Fam. Hartl, Reisenberg

Reitverein Zwölfaxing, Fam. Sogl

Herzlichen Dank auch an alle Besitzer, die ihre Pferde für die Aufnahmen zur Verfügung gestellt haben. Vor allem möchte ich mich aber bei meinen zwei- und vierbeinigen Models bedanken, die mit freundlicher Geduld alle Tücken des Wetters und der Photographie ertragen haben.

Cantonati Liesl
Czerwenka Nina
Day Justine
Flatz Angelika Mag.
Guster Christiane
Guster Werner
Kremser Judith Dipl.-Ing
Sogl Eva
Sogl Petra
Strasser Gaby
Wagner Inge

AMADEA, Shagya
Bes. Werner Guster
BILLY, Haflinger
Bes. Lydia Novacek
EASY JUMPER, Holl.
Bes. Justine Day
GENERALISSIMUS-SUSA, Kladruber
Bes. Christiane Guster
GRABOI, Hannov.
Bes. Liesl Cantonati
KARNEOL, Ostdt. Wbl.
Bes. Eva Sogl
LAMPAS, Appaloosa
Bes. Ruth Beckmann
LISA, Pony
Bes. Petra Sogl
LISA, Trakehner
Bes. Justine Day
MARAIKE La Vite, Dt. Reitpony
Bes. Mag. Iris Joseph-Pallauf
RIFFAL, Anglo-Arab.
Bes. Evelyne Härteis-Binder
WOTAN, Österr. Wbl.
Bes. Eva Sogl